中国森林旅游
CHINA FOREST TOURISM

2013
中国森林等自然资源旅游发展报告

国家林业局

中国林业出版社

图书在版编目（CIP）数据

2013中国森林等自然资源旅游发展报告 / 国家林业局主编.
—北京：中国林业出版社, 2014.9
ISBN 978-7-5038-7640-0

Ⅰ. ①2… Ⅱ. ①国… Ⅲ. ①森林资源－旅游资源开发－研究报告－中国－2013②自然资源－旅游资源开发－研究报告－中国－2013 Ⅳ. ①F592.3

中国版本图书馆CIP数据核字(2014)第209947号

中国林业出版社·生态保护出版中心

责任编辑 田 红 于界芬 刘家玲

出 版 中国林业出版社
（100009 北京西城区德内大街刘海胡同 7 号）
网 址 www.lycb.forestry.gov.cn
E-mail wildlife_cfph@163.com
发 行 中国林业出版社
电 话 (010) 83225764
印 刷 北京中科印刷有限公司
版 次 2014 年 9 月第 1 版
印 次 2014 年 9 月第 1 次
开 本 889mm × 1194mm 1/16
印 张 8
字 数 180 千字
定 价 50.00 元

2013
中国森林等自然资源旅游发展报告

Preface
前　言

2013年，在各级政府和相关部门的大力支持下，经过全国森林等自然资源旅游行业全体同仁的开拓创新和艰苦努力，森林等自然资源旅游发展取得了显著成效。

对森林等自然资源旅游的组织领导力度进一步加强。一些省（自治区、直辖市）新成立了森林旅游工作领导小组，加强了相关机构建设和人员配备，召开了全省（自治区、直辖市）森林旅游工作会议，出台了规范和促进森林旅游发展的指导性意见，加强了对从业人员的业务培训，把谋划和推进全国森林等自然资源旅游工作提高到了一个新的水平。

森林等自然资源旅游的法制化、标准化建设取得新进展。在国家层面和省级层面出台了一系列与森林等自然资源旅游相关的法规、规章和标准，如国家林业局颁布了《湿地保护管理规定》，批准实施了《自然保护区生态旅游管理评价技术规范》和《森林人家等级划分与评定》标准，山西省人大颁布了《山西省森林公园管理条例》等。

森林等自然资源旅游目的地进一步发展。2013年，新增国家级森林公园15处，新增林业系统国家级自然保护区39处，新增国家湿地公园131处。国家林业局印发了《国家沙漠公园试点建设管理办法》，并批复建立了全国首个国家沙漠公园——宁夏沙坡头国家沙漠公园，开启了积极利用沙漠景观资源的新征程。

森林等自然资源旅游产业进一步壮大。2013年，各类森林等自然资源旅游目的地共接待游客7.6亿人次，占2013年国内旅游人数的 23%，同比增长 11.8%；创造社会综合产值 5200 亿元，同比增长 18.2%。从事森林等自然资源旅游的管理和服务人员数量 22 万人。能为游客提供的接待床位、餐位数量分别达到 160 万张和 260 万个。

森林等自然资源旅游的行业宣传力度进一步加强。推广使用了中国森林旅游专用标志，举办了 2013 年中国（温州）森林旅游节，开展了中国森林旅游系列评选活动和美丽中国•湿地行大型公益活动，推动了中国森林旅游网建设，摄制了大型电视纪录片《中国国家森林公园》、《美丽中国•湿地行》等，进一步扩大了森林等自然资源旅游的社会影响力。

对森林等自然资源旅游的保护与管理力度进一步加强。国务院印发了《国家级自然保护区调整管理规定》。国家林业局确定了“到 2020 年全国湿地总面积不低于 8 亿亩的湿地红线”。国家林业局森林公园管理办公室对国家级森林公园行政许可项目实施、总体规划审批、建设项目使用林地等事项做了进一步规范和部署，并加强了监督检查力度。

开创了国（境）际交流与合作的新局面。2013 年，国家林业局派员参加了首届亚洲公园大会，举办了东营国际湿地保护交流会议。召开了 2013 年海峡两岸森林公园与森林旅游论坛、第十九届海峡两岸自然保护区交流会和长江湿地保护网络年会，组织了赴台培训、赴台森林旅游交流。安徽黄山国家森林公园与加拿大班夫国家公园签署了结对协议。

党的十八届三中全会进一步深化了“五位一体”的战略布局；强调了必须建立系统完整的生态文明制度体系，用制度保护生态环境；提出了把资源产权、用途管制、生态红线、有偿使用、生态补偿、管理体制等纳入生态文明制度体系中来。

我们要紧紧抓住建设美丽中国、建设生态文明带来的新机遇，按照国家林业局党组的统一部署，坚持把改革创新作为发展森林等自然资源旅游产业的根本动力，进一步调动市场在资源配置中的决定性作用，进一步提高森林等自然资源的保护和利用水平，进一步提高林业在服务社会发展、促进民生改善中的作用，力争使全国森林等自然资源旅游发展走上一个新的台阶。

2014年6月

Contents

目　录

Abstract
摘　要

2013年，是推动生态文明和美丽中国建设，全面深化改革，实现中华民族伟大复兴的关键年，也是森林等自然资源旅游行业贯彻落实党中央、国务院关于推动森林等自然资源旅游发展文件精神的重要一年。全国各地继续认真学习贯彻全国森林旅游工作会议、《中华人民共和国旅游法》和有关文件精神，积极推进森林等自然资源旅游各项工作进程，力促森林等自然资源旅游可持续发展，森林等自然资源旅游的行业管理效能得到提高，行业管理机制得以逐步完善。2013年，在各级政府的高度重视和相关部门的大力支持下，全国森林等自然资源旅游发展从组织管理、工作部署、政策与法制体系建设、规划与标准化建设、目的地发展与保护、宣传推介到示范建设、国（境）内外交流合作等各方面都得到了加强，为推动全国森林等自然资源旅游持续健康发展，奠定了坚实的基础；以森林公园、湿地公园、自然保护区为主体的森林等自然资源旅游目的地建设进一步加强，特色更加鲜明。森林等自然资源旅游产业不断壮大，旅游发展环境不断优化，在促进森林等自然资源保护，带动林业产业发展，弘扬生态文明，实现兴林富民，以及培育森林旅游新产品、扩大森林旅游影响力等方面取得长足进展。

（一）组织管理和人才培训力度进一步加强

2013年，河南省、云南省、西藏自治区、黑龙江森工总局组建了森林旅游工作领导小组，河北、浙江、山东、贵州等省成立了森林旅游管理机构或加挂森林旅游管理机构牌子，明确专门负责的处（科）室，进一步加强对森林等自然资源旅游工作的组织领导和监督指导。

2013年，国家林业局森林公园管理办公室召开了全国森林公园与森林旅游发展座谈会，并下发了《关于进一步做好森林公园管理工作的通知》（林园园字〔2013〕6号），国家林业局国有林场和林木种苗工作总站下发了《关于开展国家级森林公园行政许可实施情况专项检查工作的通知》（林场园字〔2013〕36号）。北京、黑龙江、江苏、广东、四川、陕西、甘肃等省（直辖市）召开了全省（直辖市）森林旅游工作会议，进一步总结了当前本省（直辖市）森林等自然资源旅游工作，明确今后一个时期森林旅游发展的指导思想、目标和任务。同时，各级林业部门积极开展森林等自然资源旅游行业人才的业务培训，提高了从业人员的业务素质。

（二）森林等自然资源旅游法制化建设取得新进展

2013年，我国森林等自然资源旅游管理法制化建设取得新进展，监督管理力度进一步加强。国家林业局积极推动《森林公园管理条例》、《湿地保护条例》的立法进程，出台了我国第一部国家层面的湿地保护部门规章《湿地保护管理规定》，印发了《国家沙漠公园试点建设管理办法》。国务院印发了《国家级自然保护区调整管理规定》。同时，各省（自治区、直辖市）积极建立健全地方性法规规章：山西、重庆、甘肃等省（直辖市）实施了森林公园条例或办法；北京、河北、山东、贵州、云南、青海等实施了湿地保护条例或办法；内蒙古出台了自然保护区相关条例。此外，安徽、海南、四川、河南等省制定出台了相关办法或规定。

2013年，为制定省级森林等自然资源旅游发展战略，内蒙古、辽宁、吉林、广东、广西、重庆、西藏、宁夏等省（自治区、直辖市）依据国家林业局和国家旅游局联合下发的《关于加快发展森林旅游的意见》（林场发〔2011〕249号）文件精神，分别出台了关于加快发展森林等自然资源旅游的指导性意见或政策，提出了加快发展森林等自然资源旅游的指导思想、基本原则、总体目标，对重点工作和保障措施作了相应的部署。

（三）森林等自然资源旅游规划和标准化体系建设得到加强

2013年8月，国家林业局第16次党组会议审议通过了由国家林业局组织编制的《全国森林等自然资源旅游发展规划纲要（2013～2020年）》（以下简称《纲要》）。《纲要》是我国第一个指导全国森林等自然资源旅游发展的纲领性文件，是规范和促进森林等自然资源旅游发展的重要依据。内蒙古自治区、吉林省、江苏省、广东省、海南省和内蒙古森工集团、大兴安岭林业集团编制了森林等自然资源旅游发展规划。同时，各省（自治区、直辖市）国家级森林公园、国家级自然保护区大力加强总体规划编制工作。2013年，国家林业局共批复14个国家级森林公园总体规划，批复21个国家级自然保护区总体规划，批复2个国家级自然保护区生态旅游规则。

2013年，国家林业局批准了《森林人家等级划分与评定》标准和《自然保护区生态旅游管理评价技术规范》，自2013年7月1日起施行；组织专家审议通过了《自然保护区工程设计标准》和《湿地保护工程设计规范》。同时，北京、广东、云南等省（直辖市）积极组织编制、审议、出台地方标准。

（四）景区数量和面积继续增长

截至2013年底，森林公园、湿地公园及林业自然保护区总数达到5834处，总面积14594.92万公顷。

全国各级森林公园2948处，总面积1758.00万公顷。其中，国家级森林公园780处（含国家级森林旅游区1处），面积1214.33万公顷；省级森林公园1371处，面积421.60万公顷；县（市）级森林公园797处，面积122.08万公顷。2013年新增国家级森林公园15处。

全国林业系统各级自然保护区数量2163处，总面积12446.62万公顷，约占国土面积的12.96%，占全国自然保护区总数量的 81.04%，占全国自然保护区总面积的 83.10%。其中国家级自然保护区 325 处，面积 7873.65 万公顷；省级自然保护区 701 处，面积 3363.94 万公顷；地市级自然保护区 322 处，面积 534.46 万公顷；县级自然保护区 815 处，面积 674.57 万公顷。2013 年新增国家级自然保护区 39 处。

全国各级湿地公园数量达 723 处，总面积 390.30 万公顷。其中国家湿地公园 429 处，面积 229.50 万公顷；省级湿地公园 279 处，面积 158.80 万公顷；县级湿地公园 15 处，面积 2.00 万公顷。2013 年新增国家湿地公园 131 处。

（五）资金投入力度持续加大，基础服务设施逐步完善

2013 年，全国森林公园共投入建设资金 486.69 亿元，比 2012 年增加 54.62 亿元，同比增长 12.64%。其中国家投入资金 79.95 亿元，占投入资金总数的 16.43%；自筹资金 131.44 亿元，占投入资金总数的 27.01%；招商引资 275.30 亿元，占投入资金总数的 56.57%。全国森林公园共投入环境建设资金 56.15 亿元，比 2012 年增加 8.16 亿元，同比增长 17.00%。

全国森林公园共有旅游车船 37816 台（艘），比 2012 年增加 4255 台（艘），同比增长 12.58%；共拥有游步道 74189.97 千米，比 2012 年增加 9957.19 千米，同比增长 15.50%。

（六）森林等自然资源旅游目的地的保护与管理力度进一步加强

2013 年，全国各级林业部门通过规范森林公园行政许可事项办理、强化占用征用森林公园林地的审查管理、加大林相改造和植树造林力度、实施森林公园监督检查、建立湿地红线制度、严厉打击破坏湿地的行为、实施湿地保护和恢复项目、规范国家沙漠公园建设和管理、加强生物多样性保护等各项措施，加强了对森林等自然资源旅游目的地的保护和管理，并积极探索合理利用森林等自然资源的有效途径，充分发挥森林等自然资源旅游目的地在建设和保护森林生态系统、管理和恢复湿地生态系统、改善和治理荒漠生态系统、维护和发展生物多样性中的巨大作用。

（七）森林等自然资源旅游产业稳步发展

2013 年，全国森林旅游景区接待床位总数达到 160 万张，接待餐位总数超过 260 万个。全年接待游客超过 7.6 亿人次，约占 2013 年国内旅游人数的 23%，同比增长 11.8%；森林旅游直接收入 685 亿元，同比增长 10.8%；创造社会综合产值 5200 亿元，约占 2013 年国内旅游消费的 19.8%，同比增长 18.2%。森林旅游管理和服务人员的数量超过 22 万人，其中导游和解说人员近 3 万人。

截至 2013 年底，全国森林公园旅游收入 491.11 亿元，比 2012 年增加 37.81 亿元，同比增长 8.34%，其中 779 处国家级森林公园旅游收入 381.75 亿元，浙江千岛湖、浙江竹乡、重庆小三峡、江西瑶里、贵州百里杜鹃、浙江紫微山、湖南张家界、重庆黄水、江苏虞山、四川剑门关等 56 处国家森林公园的旅游收入超亿元。森林公园门票收入 89.63 亿元，食宿收入 212.30 亿元，娱乐收入 61.59 亿元，其他收入 127.59 亿元。国庆长假全国森林公园直接旅游收入达 68.05 亿元，同比增长 31.2%，是国内旅游增长率的 5 倍。

（八）森林旅游示范工作取得新进展

10 处全国森林旅游示范区试点单位奋发努力，在工作中不断摸索，不断创新，积极总结，从资源保护、发展规划、人员培训、宣传营销、投资力度、优化环境等方面不断发展创新，取得了大量有益的实验成果，大力推动了全国森林旅游示范区试点工作进展，为进一步推动全国森林旅游示范区建设积累了宝贵经验。同时，部分省（自治区）也积极开展森林旅游示范工作，并取得了一定成效。

（九）森林等自然资源旅游的市场影响力进一步扩大

2013年，从中央到地方、从行业到社会纷纷加大了对森林等自然资源旅游的宣传推介力度，主要通过规范森林旅游、国家级森林公园专用标志的使用，举办森林旅游系列推选活动和“美丽中国·湿地行”大型公益活动，举办森林等自然资源旅游节庆活动，拍摄森林等自然资源相关电视片、影片、宣传片及专题片以及采用森林旅游网络平台等方式进行宣传推介，森林等自然资源旅游的社会影响力得到明显提升。

2013年，电视片《中国国家森林公园》、《寻找大脚印》、《美丽中国·湿地行》、《远方的家·鹤舞大山包》、《越冬》，影片《梦萦张家界》，专题片《中国古树》和纪念三江源国家级自然保护区成立十周年3集专题片，微电影《祈愿遂愿之泰山》等影视片成功拍摄演播，取得了良好的宣传效果。

（十）国际（境外）交流与合作进一步加强

2013年，国家林业局参加了首届亚洲公园大会，我国代表团作了《中国在自然保护领域新的实践和成果——中国森林公园建设与发展》的宣传演讲，并搭建中国林业展台，通过图片、数据和招贴画等形式展示了近30年中国国家森林公园的建设成就及对生物多样性保护和社区发展作出的贡献。举办了2013年海峡两岸森林公园与森林旅游论坛，组织了赴台培训、赴台森林旅游交流，召开了第十九届海峡两岸自然保护区交流会。中国安徽黄山国家森林公园与加拿大班夫国家公园签署了森林公园结对协议，加强了两国公园友好合作。召开了粤港澳湿地保护合作座谈会，进一步强化了粤港澳湿地和野生动植物保护的合作与发展。此外，还举办了长江湿地保护网络年会和东营国际湿地保护交流会。通过这些活动强化了我国与国外、境外的交流与合作，开创了国际（境外）交流与合作的新局面，提高了我国森林等自然资源旅游目的地的国际知名度。

第一章

组织管理与工作部署

- 管理机构
- 工作部署
- 人才培训

第一章　组织管理与工作部署

2013年，全国各级林业主管部门认真学习贯彻党的十八大、十八届三中全会精神，把全面贯彻落实2011年全国森林旅游工作会议、2012年中国森林公园发展30周年纪念大会精神纳入重要工作议程，主要负责同志亲自部署，分管领导全力投入。部分省份组建森林旅游工作领导小组，成立森林等自然资源旅游管理机构或加挂森林等自然资源旅游管理机构的牌子，进一步加强对森林等自然资源旅游工作的组织领导和监督指导，扎实推进森林等自然资源旅游事业的持续健康发展。同时，一些省（自治区、直辖市）林业厅（局）召开了森林等自然资源旅游工作会议，积极部署森林等自然资源旅游管理工作；人才培训工作进一步加强，从业人员素质明显提高。

一、管理机构

2013年，各级林业主管部门进一步加强了森林等自然资源旅游管理机构建设，充实了管理力量。河南省林业厅、云南省林业厅、西藏自治区林业厅、黑龙江森工总局组建了森林旅游工作领导小组。河北省野生动植物保护站加挂"河北省湿地保护管理中心"；浙江省林业厅成立了"浙江省国有林场和森林公园保护总站"，并加挂浙江省林业厅森林公园管理办公室牌子；山东省国有林场管理站增设森林旅游科；贵州省各市（州）林业主管部门成立或加挂了森林公园管理机构牌子。

二、工作部署

2013年，国家林业局召开了全国森林公园与森林旅游发展座谈会、全国自然保护区规范化建设管理工作现场会等；北京、黑龙江、江苏、广东、四川、陕西、甘肃等7省（直辖市）召开了全省（直辖市）森林等自然资源旅游工作会议，进一步总结了当前本省（直辖市）森林等自然资源旅游工作，并明确了今后一个时期森林等自然资源旅游发展的指导思想、目标和主要任务。

（一）全国层面

1. 全国森林公园与森林旅游发展座谈会

2013年10月，国家林业局森林公园管理办公室在四川成都召开了全国森林公园与森林旅游发展座谈会。会议强调在下阶段的工作中要做到强化管理、搞好服务、合理利用。会议要求各地强化对森林公园的管理，加强执法监督检查，加大业务培训力度，进一步把好森林公园的设立关，规范森林公园总体规划审批，加强对建设项目征占用森林公园林地的审查，加快森林公园立法，不断提高森林公园的管理发展水平。同时，各省（自治区、直辖市）林业厅（局）森林公园与森林旅游主管处（室）负责人就中国森林公园发展30周年纪念大会及全国森林旅游工作会议精神贯彻落实情况、森林公园及森林旅游发展存在的问题和取得的成效等方面作了简要介绍，并有针对性地提出了改进工作的建议。

2. 全国自然保护区规范化建设管理工作现场会

2013年11月，全国自然保护区规范化建设管理工作现场会在四川青川县唐家河国家级自然保护区召开。来自全国31个省（自治区、直辖市）林业系统的相关负责人以及保护处、部分国家级自然保护区处（局）、森工企业，共计110多人参加了会议。会议分析了我国自然保护区存在的问题，面临的形势和机遇，并就加强自然保护区科学化、规范化建设管理提出了具体要求；在会议上，广东、甘肃、四川3个省从自然保护区综合管理层面做了典型发言；四川唐家河、陕西长青、云南西双版纳、江西庐山4个国家级自然保护区从内部管理层面做了经验交流。会议实地考察了四川唐家河国家级自然保护区；会议就自然保护区规范化、科学化建设管理问题座谈讨论，并讨论了《国家林业局自然保护区规范指导意见（征求意见稿）》相关问题。

（二）省级层面

1. 北京市第一次湿地保护工作联席会

北京市于2013年8月召开了全市第一次湿地保护工作联席会议。会议研究讨论了下阶段湿地保护工作思路及主要工作安排，审议了《北京市级湿地确认标准》和《北京市级湿地名录（第一批）》并通过了《北京市级湿地确认标准》，同时，会议对《北京市级湿地名录（第一批）》提出了修改完善意见。会议要求：①各部门要按照分工和各自职责，共同加强对《北京市湿地保护条例》的宣传贯彻工作；②要结合各自工作实际，集中财力物力和项目资源，实实在在地推动实施一批湿地保护恢复工程；③要充分发挥联席会议的议事协调作用，在湿地保护相关工作上统一思想，达成共识；④北京市园林绿化部门要充分发挥《北京市湿地保护条例》赋予的组织、协调、指导和监督职能，做好湿地保护联席会议的日常工作，大力推动湿地保护事业的科学发展。

2. 黑龙江省森林公园工作会议

黑龙江省林业厅于2013年12月在哈尔滨召开了全省森林公园工作会议。会议传达了国家林业局有关文件和江苏虞山会议精神，总结了全厅系统一年来森林公园管理工作，探讨和交流森林公园工作经验，部署2014年森林公园监督检查工作。会上还就树立生态旅游大省观念，建设森林旅游强省目标，打破传统观念，改变发展思路，勇于开拓，加快森林公园改革创新步伐，重点打造国际国内一流森林旅游品牌等问题进行了充分的座谈讨论。同时，会议还部署了2014年度全厅系统森林公园目标和工作任务，并就做好当前工作提出了具体要求。

3. 江苏省森林旅游产业发展座谈会

江苏省于2013年7月分苏中苏北和苏南两个片区召开了全省森林旅游产

业发展座谈会，分别在新沂市马陵山省级森林公园和苏州吴中区东吴国家森林公园召开。座谈会交流了各地森林旅游工作开展情况，分析存在的问题和对策，探讨如何做大做强森林旅游产业。与会代表汇报了本单位森林旅游现状、存在问题和下一步工作思路，并对全省森林旅游产业提出了宝贵建议。会议要求在今后发展中做好以下几点：①做好宣传，打响品牌；②谋划发展思路，做好规划；③打造旅游休闲的链条。

4. 广东省森林公园工作会议

广东省于2013年12月在广州召开全省森林公园工作会议。会议全面总结了近年来广东省森林公园建设与森林旅游业发展所取得的成绩和经验，研究分析了当前面临的新形势和存在的主要问题，进一步明确了新时期森林公园建设与发展的指导思想、目标任务和思路，对今后一个时期的森林公园工作做了具体的安排和部署。会议还对广东省即将实施的《森林公园质量等级划分与评定》标准作了解读和说明。同时，会议对今后的工作提出了具体要求：①加强组织领导和沟通协调；②加大宣传力度，进一步提高认识，统一思想；③整合资源优势，科学规划实施；④坚持政府主导，拓宽筹资渠道；⑤规范管理，确保建设成效。进一步贯彻落实《中共广东省委、广东省人民政府关于全面推进新一轮绿化广东大行动的决定》和全面推进森林公园建设发展。

5. 四川省森林公园工作会议

四川省于2013年5月在广元市剑阁县召开全省森林公园工作会议。会议学习了《国家级森林公园管理办法》、《四川省森林公园管理条例》等法律法规，并邀请相关专家对森林公园项目资金管理、林地征占用、总体规划编制等内容作了专题讲解，并对森林公园监督检查及下一步工作做了安排部署。会议总结了过去一年来所做的主要工作，指出了森林公园保护与建设中还存在的一些亟待解决的问题，对下一步的工作开展提出了更高要求。

6. 陕西省森林旅游工作会议

陕西省于2013年5月在西安召开全省森林旅游工作会议。这是陕西省召开的第一个行业旅游工作会议，会议凸现了森林旅游在旅游业中的重要地位和作用，同时强调了发展森林旅游的重要性和紧迫性，分析了当前形势和机遇，明确了今后发展方向和目标，安排部署了下一步森林旅游重点工作，对森林旅游先进单位、先进管理者及先进个人进行了表彰，并重点安排部署了今后全省森林旅游工作。会议提出陕西省森林旅游将坚持“政府主导、林业主体、部门合作、社会参与、园区共赢”的发展思路，遵循“关中大地园林化、陕北高原大绿化、陕南山地森林化”的林业生态发展战略，在保护好森林资源和生态环境的前提下，按照“一核、两带、四园、六区”的总体布局，建成西咸森林旅游中心，建成汉江和渭河森林旅游带，打造中国森博园、秦岭中央公园、陕西苗木花卉园、大漠生态园，建成秦岭南坡、秦岭北坡、巴山、关山、黄土高原和长城沿线森林旅游区。

专栏1　陕西省森林旅游“一核、两带、四园、六区”的总体布局

一核：西咸森林旅游中心；

两带：汉江森林旅游带、渭河森林旅游带；

四园：中国森博园、秦岭中央公园、陕西苗木花卉园、大漠生态园；

六区：秦岭南坡森林旅游区、秦岭北坡森林旅游区、巴山森林旅游区、关山森林旅游区、黄土高原森林旅游区和长城沿线森林旅游区。

到2020年，建立森林公园100处，湿地公园30处，自然保护区61处，大漠观光园30余处，各类动植物观光园区1000个以上，全省森林旅游区碳汇达到720万吨/年，释氧540万吨/年，年接待游客3000万人次，实现社会综合收入1000亿元。

7. 甘肃省林业系统国家级自然保护区管理工作会议

甘肃省于2013年1月在兰州召开林业系统国家级自然保护区管理工作会议。会议听取了各自然保护区管理局2012年工作总结和2013工作安排和部署的汇报，并对全省林业系统国家级自然保护区的工作提出指导建议和任务要求。

（三）部署管理监督工作

为进一步加强全国森林等自然资源旅游工作行业组织管理力度，国家林业局森林公园管理办公室下发《关于进一步做好森林公园管理工作的通知》（林园园字〔2013〕6号），对强化国家级森林公园行政许可项目审查、国家级森林公园总体规划审批、建设项目使用国家级森林公园林地审查、森林公园的立法和执法、森林公园的人员培训等提出具体要求；国家林业局国有林场和林木种苗工作总站下发《关于开展国家级森林公园行政许可实施情况专项检查工作的通知》（林场园字〔2013〕36号），要求对国家级森林公园行政许可实施情况进行专项检查，并委托山西、内蒙古、吉林、山东、河南、湖北、湖南、陕西、新疆等9省（自治区）开展专项检查。

专栏2　国家林业局森林公园管理办公室关于进一步做好森林公园管理工作的通知

林园园字〔2013〕6号

各省、自治区、直辖市林业厅（局），内蒙古、吉林、龙江、大兴安岭森工（林业）集团公司森林公园主管处室：

为深入贯彻全国森林旅游工作会议和中国森林公园发展30周年纪

念大会的会议精神，扎实推进森林公园和森林旅游事业的持续、健康发展，现就进一步做好森林公园管理工作通知如下：

一、强化国家级森林公园行政许可项目审查

（一）关于国家级森林公园设立的审查。要坚持“1个县（区）仅设立1处”的布局原则，应在不与国家级自然保护区、国家湿地公园、国家级风景名胜区、国家地质公园交叉重叠的前提下，整合全县（区）范围内价值最突出的各类景观资源进行申报。

自2014年起，国家级森林公园设立的专家评审会议调整为每年1次，申报材料的受理截止时间为本年度的8月31日。国家林业局森林公园管理办公室将在每年的年初举办专门的培训讲解活动。对参加了培训、出台了支持森林公园建设发展政策文件、落实了森林公园管理机构编制和经费的申报单位，优先受理申报材料、安排专家实地考察和专家评审。

（二）对国家级森林公园改变经营范围的审查。严格控制国家级森林公园改变经营范围。国家级森林公园经营范围原则上不允许变更，确需调整区域面积的，仅限于国家和省级重点建设项目或民生项目所需、且不会造成重要森林风景资源或重点景观景点的损失，同时鼓励调增区域面积和景观资源，确保森林公园总面积不减少并有所增加。

（三）对行政许可申报材料的审查。各省要认真做好对国家级森林公园行政许可申报材料的审查，确保申报材料的真实性、完整性和规范性。为进一步提高工作效能，国家林业局森林公园管理办公室对申报材料不合格的将按有关规定开具材料补正通知书，对申报材料补正不合格的直接办理不予许可决定。

二、强化国家级森林公园总体规划审批

（一）规范国家级森林公园总体规划报批。各省要严格执行《国家级森林公园管理办法》、《国家级森林公园总体规划规范》以及国家林业局文件的有关要求，认真做好国家级森林公园总体规划的审核，确保总体规划报批材料的齐全、规范。特别要督促做好对相关权利人和有关部门的意见征求，报送的材料要包含相关权利人的书面意见、有效公示信息和有关部门的正式意见函及意见采纳情况的说明。同时，要认真组织好专家评审，邀请科研院所、高校的相关专业人员参加评审，并报送专家评审的具体意见和采纳情况。

（二）督促国家级森林公园总体规划编制。各省要对国家级森林公园总体规划编制情况进行全面清理，对设立18个月仍未编制完成总体规划或总体规划经审批已满10年的国家级森林公园，要下发书面通知，督促限期完成总体规划的编制或修编。

三、强化建设项目使用国家级森林公园林地审查

（一）强化对建设项目的审查。严格执行《全国主体功能区规划》和国家林业局有关文件要求。各省报送审查的建设项目，应仅限于国家和省级重点建设项目、森林公园总体规划内的项目以及直接为林业生产服务的项目。严禁风电、房地产等项目。严格控制水电项目。对国家和省级重点建设项目，各省还应积极参与立项论证，力争不占或少占国家级森林公园林地。

报送审查时须充分考虑森林公园合法权益是否得到有效保障，同时须提交森林公园近年来的建设发展情况。对未设立森林公园管理机构或未编制森林公园总体规划的，不予受理建设项目占地申请。

（二）强化与林政资源部门合作。要切实加强与本省林政资源部门的联系，采取将本省国家级森林公园的名称、位置、面积、范围等基本信息与林政资源部门共享等方式，堵塞审查环节漏洞，切实杜绝隐瞒国家级森林公园身份取得建设项目使用林地审核审批手续。

四、强化森林公园的立法与执法

（一）加快推进森林公园地方立法。湖南、四川、安徽、贵州、广东、江西、黑龙江、陕西、甘肃、山西、内蒙古共11个省（自治区）出台了森林公园条例或政府规章，其他省（自治区、直辖市）要更加积极主动地工作，力争本省森林公园法规尽早出台。

（二）扎实开展森林公园监督检查。各省要依照《森林公园管理办法》、《国家级森林公园管理办法》、《国家级森林公园监督检查办法》和国家林业局相关文件、本省森林公园管理法规规定，按计划、有步骤开展对本省森林公园的监督检查。监督检查要勇于亮丑、敢于碰硬，着力解决突出问题，务求实现警示并提振整个森林公园行业的目的。

特别要强化对国家级森林公园的监督检查，对批建至今仍无机构无人员甚至不挂森林公园牌子，或连续5年无任何投入无建设进展的国家级森林公园，要采取限期整改、约谈负责人、提请上级部门督办等措施，切实督促整改。对拒不整改的国家级森林公园，要严格按照有关规定报请国家林业局予以撤销。

五、强化森林公园的人员培训

森林公园的人员培训采取分级负责方式进行。国家林业局森林公园管理办公室负责对国家级森林公园主要负责人的培训，计划在3年内完成国家级森林公园主要负责人的全面轮训。各省也要积极开展形式多样的人员培训，原则上各省对森林公园人员培训每年不少于1次。要创新培训方式，可以采取以会代训、基地教学、互派交流等灵活多样的形式，传授森林公园专业知识，提高从业人员素质。

各省要深刻领会和准确把握通知要求，认真履行森林公园管理职责，勇于担当，敢于负责，创造性开展工作，把森林公园管理工作提高到一个新的水平。对在森林公园管理工作中表现优秀的省（自治区、直辖市），国家林业局森林公园管理办公室将予以表扬，并宣传推广其先进经验；对在森林公园管理工作中不认真负责，存在明显不足工作不力的省（自治区、直辖市），国家林业局森林公园管理办公室将给予通报批评、限制项目申报、暂停项目受理等措施。

国家林业局森林公园管理办公室
二〇一三年十一月十一日

三、人才培训

2013年，各级林业主管部门加强了对森林等自然资源旅游相关管理、技术人员的业务培训，从业人员业务素质得到显著提升。

（一）全国层面

1. 森林公园

国家级森林公园管理高级研修班 2013年3月，国家级森林公园管理高级研修班在江苏常熟虞山国家森林公园成功举办。来自全国各省（自治区、直辖市）林业厅（局），内蒙古、吉林等地森工（林业）集团，新疆生产建设兵团林业局的200多名森林公园主管处室管理人员和森林公园负责人参加了研修班。本次研修班分别对国家级森林公园行政许可事项的申请与审查、国家级森林公园总体规划的编制与审查、建设项目占用国家级森林公园林地的申请与审查进行专题讲解和讨论，增强了对国家级森林公园管理相关政策和规定的深入理解和准确把握。

国家级森林公园主任培训班 2013年6～7月，国家级森林公园主任培训班在福建农林大学举办。来自16个省（自治区、直辖市）的80多位国家级森林公园主任、森林旅游管理部门领导干部参加培训。培训期间，与会人员除了学习国家森林公园规划、国家森林公园汽车房车露营地建设、森林旅游景区规划设计理念与产品创新、福建森林人家品牌创新与发展、城郊型森林公园的建设与管理等专题课程外，还实地对福州国家森林公园调研，并赴台湾开展了实践教学活动。

2. 湿地

国家湿地公园建设管理培训班　2013 年 4 月，国家湿地公园建设管理培训班在江苏无锡举办。来自全国 23 个省份的新批建国家湿地公园（试点）单位代表及江苏省国家湿地公园代表共 126 人参加培训。本次培训班邀请了国家林业局政策法规司、台湾台北市立教育大学、中国文化大学、WWF 香港办事处、AECOM 公司、南京大学、湿地国际、中国农业科学院等单位的专家就《湿地保护管理规定》、环境宣传教育、自然步道设计、湿地生态恢复、湿地旅游、国家湿地公园（试点）验收等与湿地公园建设发展密切相关的内容进行了解读与讲述。培训班组织学员就当前湿地公园建设和管理存在的问题与专家进行了充分的交流。

湿地保护管理培训班　2013 年 5 月，湿地保护管理培训班在北京举行。共有来自北方片 2005 ～ 2011 年批准设立的国家湿地公园所在县（市、区、旗）林业局局长和森工（林业）集团有关林业局 187 名局长参加了本次培训。培训班主要内容包括“中国林业现状及发展趋势”、“林业‘十二五’规划”、“《湿地保护管理规定》解读”、“湿地宣传教育”、“国家湿地公园建设管理现状、问题和要求”、“湿地生态旅游”、“国家湿地公园建设与保护管理”、“林业发展与生态文明建设”、“《湿地公约》、湿地生态系统及功能和价值”。

第一届中国湿地资源保护与可持续利用培训班　2013 年 10 月，第一届中国湿地资源保护与可持续利用培训班在北京举行。来自全国各地的专家学者，从事湿地保护机构的管理人员，北京湿地研究中心的会员单位，受邀参加的企业代表共计 100 多人参加。培训共划分科普宣教、科研监测、保护恢复、可持续利用四大板块，为湿地公园和湿地自然保护区建设提供先进的发展理念、管理模式和科学技术。与会代表介绍了各自湿地保护区的情况，呼吁国家尽早出台更为细致的湿地保护法规和湿地评估标准。

国际重要湿地培训班　2013 年 12 月，国际重要湿地培训班在上海崇明东滩开班。国内 45 块国际重要湿地的相关管理人员共 110 余人参加。本次培训班邀请国内多位知名湿地专家学者，就国际重要湿地的生态特征、宣传教育与社区参与、管理监测与数据更新、保护与合理利用、水鸟栖息与管理、资格指定和管理计划编制等课题进行授课，并就“生态红线划定”、“湿地生态补偿”等当前热点话题与学员进行互动交流。通过集中培训使国际重要湿地管理人员及时把握政策形势大局，加快知识更新，提高管理能力和水平，从而提升我国国际重要湿地管理的整体水平。

全国湿地保护工程技术人员培训班　2013 年 12 月，全国湿地保护工程技术人员培训班在哈尔滨举行。来自全国 21 个省（自治区、直辖市）湿地办公室（保护处）和各湿地项目建设单位 164 人参加了培训。本次培训班是实施湿地保护与恢复工程以来，举办的第一次专门针对湿地保护工程技术人员的培训，也是落实《全国湿地保护工程规划（2002 ～ 2030 年）》和《全国湿地保护工程“十二五”实施规划》的具体举措。此次培训对加强湿地保护工程项目管理提出了要求，指出要积极与发改委进行沟通与协调，提高项目审批质量和时效，保障工程建设进度；要优先选择具有独立管理机构的保护区和湿地公园开展工程项目建设，确保项目任务落实到位；要常态化开展项目指导和检查评估，督促加快工程建设进展，确保工程建设质量；要及时总结和探索湿地保护工程的典型模式和成功经验，为后续工程建设提供技术储备。

3. 自然保护区

第十七届国家级自然保护区主要负责同志培训班 为切实促进自然保护区保护管理能力的提高，加强自然保护区能力建设，2013 年 5 月，第十七届国家级自然保护区主要负责同志培训班在国家林业局管理干部学院开班，培训班集中对 50 多名国家级自然保护区管理局局长进行了培训。

自然保护区经营管理与生态旅游培训班 2013 年，国家林业局举办了两期自然保护区经营管理与生态旅游培训班，对全国 400 多名生态自然保护区管理人员进行了技术培训。培训班以专题讲座、案例分析、互动交流等形式进行了全面系统的培训，进一步增强了自然保护区经营管理的技术水平。

4. 其他

2013 年 3 月，为加快推进中国林业网站群建设，全国自然保护区、森林公园、国有林场、种苗基地网站群建设培训班在国家林业局管理干部学院开班。全国各省（自治区、直辖市）林业厅（局），内蒙古、吉林、龙江、大兴安岭森工（林业）集团信息化主管部门的负责同志和全国自然保护区、森林公园、国有林场、种苗基地网站维护人员共 165 人参加了培训。为自然保护区、森林公园、国有林场、种苗基地子站安全稳定运行和正式上线奠定基础。

（二）省级层面

北京、吉林、黑龙江、福建、山东、河南、四川、广西、贵州、云南、甘肃、青海、新疆等 13 个省（自治区、直辖市）举办了与森林等自然资源旅游行业相关的人才培训，加强了行业人才队伍素质、技能建设。2013 年部分省（自治区、直辖市）森林等自然资源旅游行业人才培训情况，详见表 1。

表1　2013年部分省（自治区、直辖市）森林等自然资源旅游行业人才培训情况

序号	省（自治区、直辖市）	召开时间	培训班名称
1	北　京	2013年4月	北京市森林公园、国有林场、种苗基地网站群子站建设培训班
2	吉　林	2013年11月	吉林森工集团旅游行业管理高级研修班
3	黑龙江	2013年5月	黑龙江省首期自然保护区、森林公园、国有林场和种苗基地网站群建设培训班
4	黑龙江	2013年7月	黑龙江省湿地类型自然保护区管理技术培训班
5	福　建	2013年4月	福建省首期林业通讯员培训班
6	福　建	2013年9月	福建省森林旅游景区讲解员培训班
7	山　东	2013年9月	山东省国有林场和森林公园培训班
8	山　东	2013年8月	山东省湿地保护管理培训班
9	山　东	2013年6月	山东省自然保护区、森林公园、国有林场、苗圃网站群建设培训班
10	河　南	2013年4月	河南省自然保护区、森林公园、国有林场和种苗基地网站群建设培训班
11	广　西	2013年10月	广西壮族自治区全区森林旅游管理业务培训班
12	四　川	2013年8月	四川省生态旅游示范区、旅游度假区和森林人家标准宣贯与创建评定工作培训班
13	贵　州	2013年12月	贵州省全省森林公园主任培训会
14	云　南	2013年5月	云南省“2013年解说系统培训班”
15	云　南	2013年12月	云南省“自然保护区和国家公园执法培训班”
16	甘　肃	2013年12月	甘肃省湿地保护管理及监测培训班
17	青　海	2013年6月	青海省自然保护区、森林公园、国有林场和种苗基地网站群建设培训班
18	新　疆	2013年11月	新疆维吾尔自治区自然保护区可持续发展与生态旅游培训

第二章

政策与法制

- 全国性法规与规章
- 地方法规规章
- 省级指导性政策

第二章 政策与法制

2013 年，我国森林等自然资源管理法制化建设取得新进展，国家林业局积极推进《森林公园管理条例》、《湿地保护条例》的立法进程，出台并大力宣传贯彻《湿地保护管理规定》，印发了《国家沙漠公园试点建设管理办法》；国务院印发了《国家级自然保护区调整管理规定》；同时，部分省（自治区、直辖市）也陆续出台了相关地方法规规章和政策性文件。

一、全国性法规与规章

（一）加快《森林公园管理条例》立法进程

2013 年，为加强对全国森林公园的管理，保护和合理利用森林风景资源，发展森林旅游事业，根据有关法律、法规，结合我国实际，国家林业局森林公园管理办公室组织对《森林公园管理条例（草案）》进行了多次修改和完善，并征求了国家相关部委办局意见。

（二）推进《湿地保护条例》立法进程

截至 2013 年，我国国家层面还没有出台湿地保护专门法规，湿地保护长效机制有待完善，湿地保护的科技支撑还十分薄弱，全社会的湿地保护意识有待进一步提高。2013 年，《湿地保护条例》第四次征求了国务院有关部门的意见，加强了与部门的沟通协调，推进了《湿地保护条例》的立法进程。

（三）出台《湿地保护管理规定》

国家林业局局务会议于 2013 年 3 月 28 日审议通过了第一部国家层面的湿地保护部门规章《湿地保护管理规定》（以下简称《规定》），自 2013 年 5 月 1 日起施行。《规定》在总结多年来湿地保护管理实践经验的基础上，系统地规定了林业主管部门在湿地保护管理以及履行国际湿地公约方面的职责和工作范围，对湿地保护管理工作的方针、方式以及工作程序等内容做出了具体的规范。为更好地宣传《规定》，国家林业局办公室下发了《关于认真贯彻实施湿地保护管理规定的通知》（办湿字〔2013〕49 号），要求各级林业部门要高度重视，充分认识《规定》颁布实施的重要意义；认真学习，深刻领会和准确把握《规定》的内涵；强化措施，确保《规定》有效贯彻执行；加强调查研究，不断总结经验；以不断提高贯彻实施《规定》和湿地保护工作的水平。《规定》的颁布实施是深入落实党的十八大精神的有力举措，对于进一步加强和规范湿地保护管理，更好地履行国际湿地公约，推动生态文明和美丽中国建设具有重要意义。

专栏3 国家林业局办公室关于认真贯彻实施《湿地保护管理规定》的通知

办湿字〔2013〕49号

各省、自治区、直辖市林业厅（局），内蒙古、龙江、大兴安岭森工（林业）集团公司，新疆生产建设兵团林业局，各计划单列市林业局：

《湿地保护管理规定》（以下简称《规定》）于2013年3月28日以国家林业局第32号令颁布，自2013年5月1日起施行。为认真贯彻实施《规定》，现就有关事项通知如下：

一、高度重视，充分认识《规定》颁布实施的重要意义

《规定》的颁布实施是深入落实党的十八大精神的有力举措，对于进一步加强和规范湿地保护管理，更好地履行国际湿地公约，推动生态文明和美丽中国建设具有重要意义。《规定》在总结多年来湿地保护管理实践经验的基础上，系统地规定了林业主管部门在湿地保护管理以及履行国际湿地公约方面的职责和工作范围，对湿地保护管理工作的方针、方式以及工作程序等内容作出了具体的规范。《规定》是指导湿地保护管理的纲领性文件，各级林业主管部门一定要高度重视，认真组织学习和贯彻实施，切实保障湿地保护管理工作健康发展和有序推进。

二、认真学习，深刻领会和准确把握《规定》的内涵

各级林业主管部门要以高度的责任感和使命感，把学习贯彻实施《规定》作为当前和今后一个时期的一项重点工作。要充分结合实际制定学习的具体计划和措施。通过自学与集体学习相结合的方式，采取开办讲座培训、案例讨论等多种形式，加大对《规定》的学习培训力度。要逐条认真学习，深刻理解各条款的含义，学深学透，准确领会和把握《规定》的精神内涵和具体规范，为更好地贯彻实施《规定》打下良好基础。要精心策划，采取多种方式向有关部门和社会大力宣传《规定》的精神，把宣传《规定》作为提高全社会湿地保护意识、创造全社会保护湿地良好社会氛围的一个契机。

三、强化措施，确保《规定》有效贯彻执行

各级林业主管部门要加强领导，精心组织，周密部署，切实抓好《规定》贯彻实施工作。要结合本地实际，研究制定实施《规定》的具体方案，切实规范湿地保护管理和资源合理利用的行为。积极协调各级地方政府和有关部门，确保将湿地保护工作摆上重要议事日程，纳入经济社会发展总体规划，不断加大湿地保护投入，构建湿地保护管理长效机制。各级林业部门要加大对湿地保护管理和湿地资源合理利用的指导和监督，要利用贯彻实施《规定》的契机，开展专项检查，联合相关部门严厉打击各类破坏湿地资源行为，要把《规定》作为湿地保护管理工作依法行政的重要依据。

四、加强调查研究，不断总结经验

在贯彻实施《规定》的过程中，要紧密结合当地实际，深入基层，积极开展调查研究，不断总结经验。对遇到的新情况、新问题和典型案例，要认真研究并提出意见和建议，及时报告我局，以不断提高贯彻实施《规定》和湿地保护工作的水平。

国家林业局办公室
二〇一三年四月十八日

（四）颁布《国家级自然保护区调整管理规定》

为加强国家级自然保护区的建设和管理，有效保护国家级自然保护区的环境、资源和生物多样性，国务院于2013年12月2日印发了《国家级自然保护区调整管理规定》（以下简称《规定》），原环境保护总局《国家级自然保护区范围调整和功能区调整及更改名称管理规定》废止执行。《规定》主要包括五个方面内容：①限定调整理由；②严格调整年限；③体现特别保护；④完善调整程序；⑤强化责任追究。《规定》要求对国家级自然保护区不得随意调整；自批准建立或调整国家级自然保护区之日起，原则上五年内不得进行调整；调整国家级自然保护区应当避免与国家级风景名胜区在范围上产生新的重叠。《规定》的印发实施进一步严格国家级自然保护区调整工作，提高调整的科学性、规范性，防止不合理的调整对自然保护区保护成效造成冲击。

（五）印发《国家沙漠公园试点建设管理办法》

国家林业局于2013年12月31日印发了《国家沙漠公园试点建设管理办法》（以下简称《办法》），自2014年2月1日起施行，有效期至2017年9月30日。《办法》规定国家林业局组建国家沙漠公园试点建设评审专家委员会，负责对推荐材料进行审核，根据需要可以组织专家赴实地评估，并提交评估报告。国家沙漠公园试点建设要发挥以保护、教育、培训、科研和游憩等为目标的生态公益功能，做好合理的功能分区，实行分区管理。主要包括沙地保育区、宣教展示区、沙漠体验区、服务管理区等。

二、地方性法规与规章

2013年，各省（自治区、直辖市）积极建立健全地方性法规与规章。山西、重庆、甘肃等省（直辖市）实施了森林公园条例或办法；北京、河北、山东、贵州、云南、青海实施了湿地保护条例或办法；内蒙古出台了自然保护区相关条例。此外，安徽、海南、四川、河南等省制定出台了相关办法或规定。部分省（自治区、直辖市）出台、实施森林等自然资源旅游相关条例（办法、规定）的情况，详见表2。

表2 部分省（自治区、直辖市）出台、实施森林等自然资源旅游相关条例（办法、规定）的情况

序号	省份	出台时间	施行时间	出台部门	条例名称
1	北 京	2012年12月27日	2013年5月1日	北京市人民代表大会常务委员会	《北京市湿地保护条例》
2	河 北	2013年12月26日	2014年2月1日	河北省人民政府	《河北省湿地保护规定》
3	山 西	2013年8月1日	2013年10月1日	山西省人民代表大会常务委员会	《山西省森林公园条例》
4	内蒙古	2013年9月29日	2013年12月1日	内蒙古自治区人民代表大会常务委员会	《内蒙古自治区大青山国家级自然保护区条例》
5	山 东	2012年11月28日	2013年3月1日	山东省人民政府	《山东省湿地保护办法》
6	重 庆	2013年11月7日	2013年12月7日	重庆市林业局	《重庆市森林公园管理办法》
7	贵 州	2013年9月25日	2013年12月1日	贵州省人民代表大会常务委员会	《贵阳市湿地公园保护管理规定》
8	云 南	2013年9月25日	2014年1月1日	云南省人民代表大会常务委员会	《云南省湿地保护条例》
9	甘 肃	2012年11月28日	2013年1月1日	甘肃省人民代表大会常务委员会	《甘肃省森林公园管理条例》
10	青 海	2013年5月30日	2013年9月1日	青海省人民代表大会常务委员会	《青海省湿地保护条例》

（一）森林公园

1. 已颁布实施的森林公园条例或管理办法

《山西省森林公园条例》 山西省政府常务委员会于2013年4月审议通过了《山西省森林公园条例》（以下简称《条例》）；5月，山西省十二届人民代表大会常务委员会第三次会议对《条例》进行了初审；8月，山西省第十二届人民代表大会常务委员会第四次会议审议通过了该《条例》，自2013年10月1日起实施。《条例》是山西省第一部规范森林公园建设管理的地方性法规，也是近年来山西省推进林业生态建设取得的重大法制成果。《条例》的出台，对于贯彻落实党的“十八大”精神，推进

生态文明建设，完善林业制度体系，促进森林公园管理法制化，规范森林风景资源合理利用行为，防止国有资产流失，维护林权单位合法权益，具有十分重要的作用。

《重庆市森林公园管理办法》 重庆市林业局于2013年11月7日印发了《重庆市森林公园管理办法》(以下简称《办法》)，自2013年12月7日起施行。《办法》对申报建立森林公园主业须具备的条件，森林公园审批程序，森林公园的保护、开发、建设和经营管理等方面作了严格的规定。

《甘肃省森林公园管理条例》 甘肃省第十一届人民代表大会常务委员会第三十次会议于2012年审议通过了《甘肃省森林公园管理条例》(以下简称《条例》)，自2013年1月1日起施行。《条例》明确提出，经有关部门批准，森林公园可以出售门票和收取相关费用。森林公园的门票和其他经营收入应当按照国家有关规定使用，并主要用于森林风景资源的培育、保护及森林公园的建设、维护和管理。该《条例》的施行对规范森林公园管理，保护和合理利用森林风景资源，发展森林生态旅游具有重大意义。

2. 正在制定的森林公园条例或管理办法

《北京市市级森林公园管理办法》 2013年，北京市开始了《北京市市级森林公园管理办法》的制定工作，已完成草案，并征集有关部门意见。

《江苏省森林公园管理办法》 江苏省完成了《江苏省森林公园管理办法》初稿的编制工作，并将《江苏省森林公园管理办法（征求意见稿)》向社会公示，广泛征求社会各界意见。

《安徽省县级森林公园设立管理办法》 安徽省林业厅完成了《安徽省县级森林公园设立管理办法（草案)》（以下简称《办法（草案)》）的起草工作，随后相继开展了征求意见、召开论证会和研讨会等工作。该《办法（草案)》已经安徽省林业厅厅长办公会审议通过，并上报安徽省省政府办公厅。

《福建省森林公园管理条例》 福建省林业厅会同省政府法制办，在广泛征求省直有关部门、各区市的意见，并对南平地区森林公园发展情况进行实地调研的基础上，对《福建省森林公园管理条例（草案)》进行了三次修改讨论，并列入2014年省政府立法项目。

《海南省森林公园管理条例》 海南省林业厅完成《海南省森林公园管理条例（送审稿)》的编制工作，征求相关单位和部门意见进行修改完善，并列入2014年全省立法计划之一。

《宁夏森林公园管理办法》 宁夏回族自治区林业厅完成了《宁夏森林公园管理办法（讨论稿)》的编制工作，并协调宁夏回族自治区政府将《宁夏森林公园管理办法》列入了宁夏“十二五”政府规章立法计划。

（二）湿地

1. 已颁布实施的湿地保护条例或管理办法

《北京市湿地保护条例》 北京市第十三届人民代表大会常务委员会第

三十七次会议于2012年审议通过了《北京市湿地保护条例》(以下简称《条例》),自2013年5月1日起施行。该《条例》要求北京市、区和县政府及其有关部门实行湿地保护目标责任制,确保湿地面积总量不减少,并采取措施,提升湿地质量,改善湿地功能。未经批准擅自开垦、占用湿地或者改变湿地用途的,不但要按期恢复湿地原貌,还要按一定的标准处以罚款。

《河北省湿地保护规定》 河北省人民政府第十四次常务会议于2013年12月17日讨论通过了《河北省湿地保护规定》(以下简称《规定》),自2014年2月1日起施行。《规定》主要包括以下几个方面:一是强调了各级政府的职责。规定县级以上政府应当加强对湿地保护工作的领导,将湿地保护纳入国民经济和社会发展规划,建立健全联席会议制度,协调解决湿地管理机构、经费保障、保护利用等方面的重大问题。二是规范了保护措施。林业部门要定期进行湿地资源调查,编制湿地保护规划,要与土地利用、环境保护、防洪等规划相衔接;湿地要实行分级管理,对各级湿地的设定及采取的相应保护措施做了规定,同时还列举了保护湿地的相对禁止事项。三是加强了监督管理。明确县级以上人民政府、林业主管部门负责湿地保护工作的组织、协调、指导和监督;国土资源、环境保护、水利、农业、住房城乡建设、海洋、交通运输等部门按职责分工,具体负责有关的湿地保护管理工作;发展改革、财政、旅游等部门按各自职责,做好湿地保护管理的相关工作。四是设定了对严重危害湿地生态安全的行为的法律责任。

《山东省湿地保护办法》 山东省政府第136次常务会于2012年审议通过了《山东省湿地保护办法》(以下简称《办法》),自2013年3月1日起施行。《办法》主要从湿地保护规划、湿地自然保护区与湿地公园、监督管理、法律责任等方面进行了规范。坚持从实际出发,切实解决现实问题:《办法》对湿地的定义、湿地保护的管理体制等,都作了明确规定;坚持制度创新,突出地方特色:该《办法》将湿地分为国际重要湿地、国家重要湿地、省重要湿地和其他湿地,设立了建设湿地公园的条件和程序,对湿地生态动态监测、人工湿地建设、占用湿地建设项目环境影响评价等进行了补充和完善,突出了地方特点,既符合山东省湿地保护工作实际,在体例结构上也显得层次分明,主题突出,便于操作。

《贵阳市湿地公园保护管理规定》 贵州省贵阳市第十三届人民代表大会常务委员会第十四次会议于2013年7月审议通过了《贵阳市湿地公园保护管理规定》(以下简称《规定》),贵州省第十二届人民代表大会常务委员会第四次会议于2013年9月25日批准公布《规定》,自2013年12月1日起施行,为今后贵阳市湿地公园的保护管理提供法律依据。

《云南省湿地保护条例》 云南省十二届人大常委会第五次会议于2013年9月25日审议通过了《云南省湿地保护条例》(以下简称《条例》),自2014年1月1日起正式施行。该《条例》规范了湿地开发利用行为，建立了湿地补偿制度、湿地资源开发利用实行许可制度和湿地补水机制等，并明确了各级部门在湿地管理中的职责、细化了有关法律责任。

《青海省湿地保护条例》 青海省第十二届人民代表大会常务委员会第四次会议于 2013 年 5 月 30 日审议通过了《青海省湿地保护条例》(以下简称《条例》)，自 2013 年 9 月 1 日起施行。该《条例》明确了湿地保护的责任单位和监督单位，明确了湿地内禁止的行为，并规定任何单位和个人都有保护湿地资源的义务，并有权对破坏、侵占湿地资源的行为进行检举、控告。对主管部门及相关部门违反本条例规定的，依法给予行政处分，构成犯罪的，依法追究刑事责任。

2. 正在制定的湿地保护条例或管理办法

《河南省湿地保护条例》 河南省林业厅于 2013 年 3 月在郑州召开了《河南省湿地保护条例（草案）》(以下简称《条例》) 座谈会。会议对《条例》进行了认真讨论，结合各地工作实际提出了具体的修改意见，为进一步完善《条例》提供了依据。河南省省政府法制办于 2013 年 12 月就《河南省湿地保护条例（草案)》公开征求居民意见，这意味着河南省湿地资源保护即将有法可依，湿地保护和利用将走上法制化的轨道，促进湿地资源可持续利用。

《湖北省湿地公园管理办法》 湖北省政府法制办于 2013 年 11 月在省林业厅召开《湖北省湿地公园管理办法（送审稿)》立法修改研讨会。会议针对《湖北省湿地公园管理办法（送审稿)》中的条款进行了逐条讨论，从法理、湖北省现状以及国家和外省湿地公园管理立法经验等角度提出了修改意见和建议，对《湖北省湿地公园管理办法（送审稿)》进行补充和完善。湖北省政府法制办、省林业厅将赴省内有关市县开展《湖北省湿地公园管理办法》立法调研，充分听取各地、各方面和基层干部群众的意见，进一步修改完善后报请湖北省省政府常务会议审定。

（三）自然保护区

《内蒙古自治区大青山国家级自然保护区条例》 内蒙古自治区第十二届人民代表大会常务委员会第五次会议于 2013 年 9 月 29 日审议通过了《内蒙古自治区大青山国家级自然保护区条例》(以下简称《条例》)，自 2013 年 12 月 1 日起施行。《条例》的出台为全面保护内蒙古大青山自然保护区自然资源和生态环境奠定了坚实的法制基础，也为构筑我国北方重要的生态安全屏障，提供了又一个强有力的法律武器。《条例》将在今后很长一个时期指导、规范大青山自然保护区的管理工作，并推进保护区各项工作的深入开展。

（四）其他

《安徽省森林旅游示范景区评定办法》 为规范森林旅游示范区评定工作，安徽省组织人员完成了《安徽省森林旅游示范景区评定办法》(以下简称《办法》）的起草和征求意见等工作，该《办法》已于2013年5月经安徽省林业厅和省旅游局同意印发各地林业和旅游部门正式施行。《办法》规定了评选森林旅游示范景区的相关标准要求，规范了森林旅游示范区的评定工作，对安徽省森林旅游工作领导小组开展森林旅游示范景区评选工作起到规范和导向作用。

《海南经济特区森林旅游资源保护和开发规定》 海南省第四届人民代表大会常务委员会第三十五次会议于2012年11月27日审议通过了《海南经济特区森林旅游资源保护和开发规定》，自2013年2月1日起施行。这是第一个省级关于森林旅游保护与开发的地方性法规，其中对海南省森林旅游资源的有效保护和合理开发做了明确规定，为今后规范海南省森林旅游的开发建设提供了重要的法律依据。

《四川省国家森林公园国家重点生态功能区转移支付禁止开发区补助资金管理办法（暂行）》 四川省林业厅于2013年1月28日印发实施了《四川省国家森林公园国家重点生态功能区转移支付禁止开发区补助资金管理办法（暂行）》，规范了四川省国家级森林公园国家重点生态功能区转移支付禁止开发区补助资金管理，提高资金使用效益，推进全省国家级森林公园的建设管理工作。

《四川省省级财政林业自然保护区（森林公园、湿地公园）项目专项资金管理暂行办法》 四川省财政厅、四川省林业厅印发实施了《四川省省级财政林业自然保护区（森林公园、湿地公园）项目专项资金管理暂行办法》，加强了林业自然保护区（森林公园、湿地公园）项目资金管理。

《天池山关于全面资源保护的规定》 河南省出台了《天池山关于全面资源保护的规定》（以下简称《规定》）。《规定》以森林资源、动物资源、水资源、地质资源等为保护对象，细化目标责任，严格制度管理，全面提升保护水平。

《广东省森林公园质量等级评定管理办法》 广东省完成了与《森林公园质量等级划分与评定》标准相配套的《广东省森林公园质量等级评定管理办法》的起草工作，并上报给广东省法制办审查，待广东省法制办审查通过后将以规范性文件公布施行，以加强广东省森林公园标准化体系建设。

二、省级指导性政策

继2012年江西、江苏、广西、青海等省（自治区）分别出台本省（自治区）关于加快发展森林旅游的意见后，2013年，内蒙古、辽宁、吉林、广东、广西、重庆、西藏、宁夏等省（自治区、直辖市）分别出台了关于加快发展森林等自然资源旅游的指导性意见或政策，提出了加快发展森林等自然资源旅游的指导思想、基本原则、总体目标，对重点工作和保障措施作了相应的部署，详见表3。

表3 2013年部分省（自治区、直辖市）出台关于加快发展森林等自然资源旅游指导性意见或政策

序号	省份	出台时间	出台单位	文件名称
1	内蒙古	2013年10月10日	内蒙古自治区林业厅、内蒙古自治区旅游局	《关于加快发展森林旅游的意见》
2	辽 宁	2013年8月6日	辽宁省林业厅、辽宁省旅游局	《关于加快发展森林旅游的实施意见》
3	吉 林	2013年8月5日	吉林省林业厅、吉林省旅游局	《关于加快发展森林和湿地生态旅游的意见》
4	广 东	2013年8月29日	广东省委、广东省人民政府	《关于全面推进新一轮绿化广东大行动的决定》
5	广 西	2013年10月12日	广西壮族自治区林业厅	《关于贯彻落实全区旅游发展大会精神 进一步推动广西森林旅游业快速发展的通知》
6	重 庆	2013年4月15日	重庆市林业局、重庆市旅游局	《关于加快森林旅游发展的意见》
7	西 藏	2013年4月28日	西藏自治区林业厅、西藏自治区旅游局	《关于加快发展森林旅游的意见》
8	宁 夏	2013年11月13日	宁夏回族自治区人民政府办公厅	《关于加快市民休闲森林公园建设的意见》

（一）内蒙古自治区

内蒙古自治区林业厅和内蒙古自治区旅游局于2013年10月10日联合出台了《关于加快发展森林旅游的意见》(以下简称《意见》)(内林办发〔2013〕292号)。《意见》提出要充分认识加快发展森林旅游的重要意义，指出加快发展森林旅游的指导思想、基本原则和总体目标、加快发展森林旅游的主要任务、发展森林旅游的保障措施等。《意见》要求充分发挥内蒙古自治区的区位优势和资源特色，做优做强一批森林公园、湿地公园和自然保护区，建设一批森林旅游示范点，实现森林旅游景区数量与质量“双增长”，资源保护和旅游开发“双盈利”。

（二）辽宁省

辽宁省林业厅和辽宁省旅游局于2013年8月6日联合发布了《关于加快发展森林旅游的实施意见》(以下简称《意见》)。《意见》要求要扩大规模，提升质量；开发产品，突出特色；包装项目，扶持龙头；改革体制，创新机制；搞好定位，强化促销；健全机构，加强领导；加快制定森林旅游的政策及保障措施。同时，《意见》提出到2020年，构建起以森林公园为主体，湿地公园、森林植物园、森林人家、各类森林生态园等相结合的森林生态旅游体系。加大各森林旅游景区建设力度，提升建设档次和服务质量，精心设计、开发、建设一批特色鲜明、品位高、影响面广、吸引力强的森林公园和旅游产品，打造一批国内一流的森林旅游景区。积极培育森林旅游市场，扩大市场规模，森林旅游人数

达到5000万人次，森林旅游社会综合产值达700亿元，为社会提供就业岗位10万个，将森林旅游培育成辽宁省林业支柱产业，满足城乡居民森林旅游的需求，促进森林旅游健康持续发展。

（三）吉林省

吉林省林业厅、吉林省旅游局于2013年8月5日联合发布了《关于加快发展森林和湿地生态旅游的意见》（吉林联发〔2013〕18号）。同时，为充分发挥森林生态旅游对吉林森工集团发展的作用，吉林森工集团旅游开发部于2013年下半年起草了《关于加快发展森林生态旅游的意见》，该文件已进入征求意见环节。

（四）广东省

广东省委、广东省人民政府于2013年8月29日印发了《关于全面推进新一轮绿化广东大行动的决定》（以下简称《决定》），《决定》中将森林公园建设发展纳入新一轮绿化广东大行动建设任务中的其中一项重要工作任务，并将其纳入总体发展目标和地方政府考核任务指标。按《决定》确定的目标任务，"到2015年，与2012年相比，新增森林公园518个；到2017年，与2015年相比，新增森林公园519个"。即到2017年，全省每个地级市新建3个以上面积不小于200公顷的市森林公园；每个县（市）新建2个以上面积不小于100公顷的县森林公园；每个山区和半山区镇新建1个以上面积不少于30公顷的镇森林公园，构建集休闲、娱乐、旅游观光、康体健身为一体的类型齐全、分布合理、管理科学、综合效益良好的森林公园体系。

（五）广西壮族自治区

广西壮族自治区林业厅于2013年10月12日印发了《关于贯彻落实全区旅游发展大会精神　进一步推动广西森林旅游业快速发展的通知》（以下简称《通知》）。《通知》要求各级部门认真学习自治旅游发展大会"关于努力实现从旅游资源大区向旅游强区的历史跨越"的主要精神，促进广西森林旅游业快速发展。

（六）重庆市

重庆市林业局和重庆市旅游局于2013年4月15日联合发布了《关于加快森林旅游发展的意见》（渝林产〔2013〕11号）（以下简称《意见》）。《意见》要求各区县林业、旅游行政主管部门要进一步解放思想，转变观念，加强合作，建立联合推动森林旅游的有效机制；各区县林业行政主管部门要加强对森林旅游资源保护和利用的指导、监督和执法力度；要加强对森林旅游发展的指导，创造良好的森林旅游发展环境和市场条件；要根据本地实际，明确森林旅游的发展定位，研究出台支持森林旅游发展的具体措施，确保在森林旅游发展中取得新突破，满足人民对森林旅游日益增长的需求。

（七）西藏自治区

西藏自治区林业厅和西藏自治区旅游局于2013年4月28日联合发布了《关

于加快发展森林旅游的意见》（以下简称《意见》）和《西藏自治区林业厅 旅游局关于成立“自治区森林旅游工作领导小组”的通知（合作框架协议)》(〔2013〕113号)，将进一步拓宽森林旅游产业成长空间，为构建西藏旅游新兴支柱产业提供新的支撑。《意见》指出了充分认识加快发展森林旅游的重要意义，并明确了全区加快森林旅游发展的工作重点任务：①扩大森林旅游的内涵，加快森林公园、湿地公园、自然保护区等森林等自然资源旅游景区的建设与发展，依托上述区域，大力发展生态景观、文化体验、科学考察和生态探险为主的多元化特色森林旅游项目。②完善森林旅游产品体系，突出资源优势和特色。③整合资源，提高市场竞争能力。④做好形象定位、加强宣传促销。倾力打造“世界屋脊·神奇西藏”的森林旅游主题形象，大力宣传生态文化。⑤理顺体制，强化各级林业、旅游行政主管部门按照各自的职责对森林旅游资源和景点景区实行管理、规划和监督执法的职能。⑥加强人才队伍建设。⑦促进农牧民增收致富。⑧加强资源保护力度。《意见》的出台，对促进西藏自治区森林旅游可持续发展，全面提升全区森林旅游的发展水平，加快建设旅游产业大区和建设美丽西藏起到重要推进作用。

（八）宁夏回族自治区

宁夏回族自治区人民政府办公厅于2013年11月13日出台了《关于加快市民休闲森林公园建设的意见》(以下简称《意见》)(宁政办发〔2013〕156号)。《意见》要求全区每个地级市和县（市、区）至少建设1000～5000亩*的市民休闲森林公园。该《意见》对改善区域气候，维护生态平衡，净化城市空气，打造宜居环境，提高市民幸福指数和生活质量，展示地域特色和生态文化，促进当地旅游产业发展具有十分重要的意义。

专栏4 宁夏回族自治区《关于加快市民休闲森林公园建设的意见》

宁政办发〔2013〕156号

党的十八大把生态文明建设摆上突出地位，纳入社会主义现代化建设总体布局，明确指出建设生态文明是关系人民福祉、关乎民族未来的长远大计。市民休闲森林公园作为自然与人结合的纽带，在一定程度上体现了生态文明建设的成果。建设市民休闲森林公园，对改善区域气候，维护生态平衡，净化城市空气，打造宜居环境，提高市民幸福指数和生活质量，

* 1亩＝66.67公顷，下同。

展示地域特色和生态文化，促进当地旅游产业发展都具有十分重要的意义。为加快全区市民休闲森林公园建设工作，现提出以下意见。

一、总体要求

（一）指导思想

以科学发展观为指导，全面贯彻落实党的十八大、十八届三中全会和自治区第十一次党代会精神，坚持以生态文明建设为主的发展战略，树立生态修复和治理的理念，提倡“以人为本、因地制宜、重在自然、精在特色”的建设思路，将市民休闲森林公园建设与保护生态、美化环境、发展旅游、改善民生紧密结合起来，使市民休闲森林公园成为重要的生态屏障、城市绿肺和人文展示平台，为我区经济社会可持续发展作出贡献。

（二）基本原则

科学规划，因地制宜。根据本地实际情况，科学编制和严格执行市民休闲森林公园建设规划，确保做到先规划后建设。不照搬模式，不千篇一律，努力突出本地的景观特色和人文特色。

生态优先，节约用地。市民休闲森林公园占地以非耕地为主，建设以植物造景为主，尽量利用现有的自然地形和植被绿化，使之与城市自然环境相融合。

以人为本，服务群众。在市民休闲森林公园的选址、交通、设施等方面力求从群众的需要出发，体现人性化思维，方便群众使用。

政府主导，社会参与。政府加大对市民休闲森林公园内各类公益性基础设施建设资金投入的同时，欢迎和鼓励社会资本投资公园建设。

（三）目标任务

1.近期目标。到2017年，各市、县（区）在城市规划区、城市控制区或城市近郊，建成1座包括湿地在内面积1000～5000亩的市民休闲森林公园，有条件的可以扩大建设规模和数量。其中，2014年上半年完成市民休闲森林公园规划编制、评审、论证、批复立项及建设用地审批手续；2014年下半年至2015年完成公园主干道、供排水管网、供电设施、景观造林、人工水面及水系开挖、微地形塑造等基础建设工作，以及公园内主要景点建设和85%的人工造林任务；2016～2017年完成剩余15%人工造林任务及补植补造、景观工程和园林配套设施建设；完成部分功能区建筑、主题雕塑、展览馆等建设工作；完善道路系统；完成公园建设竣工验收，公园雏形初步形成。

2.中期目标。加强补植补造及公园维护工作，全面完成功能区建设。到2020年，基本建成集健身、游览为一体的市民休闲森林公园，生态功能初步显现。

3.远期目标。充实功能区建设内涵，拓展、挖掘生态文化产品。到2030年，建成具有时代特征和地方特色，以休闲为主，集文化、健身、游览、科普和生态为一体的功能齐全、内容丰富的市民休闲森林公园。

二、科学编制市民休闲森林公园建设方案

各市、县（区）政府要将市民休闲森林公园建设纳入当地经济社会发展总体规划，与城市规划、土地利用规划、道路交通规划及绿化规划通盘考虑、紧密衔接，做到统筹协调与分期建设相结合、休闲健身与文化娱乐相结合、绿化美化与亮化硬化相结合、功能齐全与分布合理相结合。公园用水优先考虑城市中水的利用，公园内的树木、花卉、草坪等根据当地气候、水源等实际情况科学选择和种植。要尊重自然规律，确保各项建设科学合理、规范有序。

三、多渠道筹措市民休闲森林公园建设资金

各市、县（区）政府要加大对市民休闲森林公园及公园内各类公益性基础设施建设的财政性资金投入。为减轻公园建设投资压力，在保持公园整体公益属性不变的前提下，对公园内规划的娱乐等经营性项目，按照“谁投资、谁经营、谁受益”的原则，全面推向市场。建立有利于市民休闲森林公园发展的多元化投入运行机制，鼓励企业、集体和个人参与公园非经营性建设，对社会资本按照总体规划投资公园非经营性建设，当地政府应在政策、资金等方面给予配套支持。同时，大力倡导社会各界采取捐款、认建、认养等多种形式，积极参与公园公益设施建设。

四、建立完善市民休闲森林公园管理机制

各市、县（区）政府要加强市民休闲森林公园的管理，创新管理体制机制，明确公园管理机构的职责和任务，把管理的重点主要放在加强公益性基础设施建设和维护等方面，切实履行好各项公共管理的职能，确保公园的正常开放运营。要建立专业人才队伍，着手培养和引进懂管理、懂经营、懂技术的专业人才队伍来负责公园的建设管理和旅游资源的合理利用，为实现公园的科学经营、规范管理和优质服务奠定基础。

五、充分发挥市民休闲森林公园生态教育功能

各市、县（区）政府要加强生态文明建设宣传教育，大力宣传建设市民休闲森林公园的重大意义，利用各种有效形式向社会公众传播生态文化、普及生态知识、增强生态意识，倡导生态生活方式，努力养成健康、文明、绿色的生活习惯。要利用建设市民休闲森林公园，积极创造更多更好的生态文化作品，使群众从弘扬生态文明中体验和享受人与自然的和谐之美，在实现经济效益的同时创造更大的社会效益，不断壮大生态文明建设的力量，使生态伦理、环保责任深入人心，努力形成共建共享生态文明的良好氛围。

六、进一步明确工作职责

自治区相关部门要加强对市、县（区）建设市民休闲森林公园的指导和支持。自治区林业局、住房城乡建设厅要联合牵头做好各地市民休闲森林公园建设的统筹协调、推进落实和检查验收工作。自治区发展改革委做好审批立项和验收工作。自治区财政厅通过绩效考核，采取以奖代补的方式给予各地适当支持。自治区国土资源厅做好土地审批工作。自治区环境保护厅做好环评工作。自治区交通运输厅做好公园与周边公路网连接道路的规划工作。自治区水利厅做好水资源配给工作。各市、县（区）政府是市民休闲森林公园建设的主体，要做好项目规划编制和组织实施工作，采取多种方式、从多个渠道筹措资金建设当地市民休闲森林公园。

宁夏回族自治区人民政府办公厅

二〇一三年十一月十三日

第三章

规划和标准化建设

- 全国性发展规划
- 地方性发展规划
- 森林公园、自然保护区总体规划
- 相关标准

第三章　规划和标准化建设

2013 年，森林等自然资源旅游的规划和标准化体系建设取得新进展，国家林业局审议通过了《全国森林等自然资源旅游发展规划纲要（2013 ~ 2020 年）》、《自然保护区工程设计规范》和《湿地保护工程设计规范》，发布了《森林人家等级划分与评定》和《自然保护区生态旅游管理评价技术规范》标准。此外，各省（自治区）积极推进森林等自然资源旅游总体规划编制工作，各国家级森林公园、国家级自然保护区积极组织编制总体规划，进一步夯实森林等自然资源旅游发展基础。

一、全国性发展规划

国家林业局第 16 次党组会议于 2013 年 8 月审议通过了《全国森林等自然资源旅游发展规划纲要（2013 ~ 2020 年）》（以下简称《纲要》）。11 月 26 日按照第 16 次党组会议要求，国家林业局组织完成对《纲要》的修改定稿。《纲要》是我国第一个指导森林等自然资源旅游发展的纲领性文件，是规范和促进森林等自然资源旅游发展的重要依据。《纲要》全面阐述了我国林业旅游资源本底情况和产业发展现状；要求要充分挖掘林业旅游资源发展潜力，开发林业旅游精品；积极促进林业旅游资源保护和合理利用；整体提升林业旅游的发展效益和水平；科学谋划发展思路，明确当前和今后一个时期林业旅游的发展方向和工作重点。进一步发挥森林等自然资源旅游在加快推进生态文明和美丽中国建设中的重要作用。

专栏 5 《全国森林等自然资源旅游发展规划纲要（2013~2020年）》主要内容简介

2013年，国家林业局组织完成对《全国森林等自然资源旅游发展规划纲要（2013~2020年）》（以下简称《纲要》）的修改定稿，《纲要》是我国第一个指导森林等自然资源旅游发展的纲领性文件，是规范和促进森林等自然资源旅游发展的重要依据。

《纲要》编制的目的是全面了解我国林业旅游资源本底情况和产业发展现状，挖掘林业旅游资源发展潜力，开发林业旅游精品；积极促进林业旅游资源保护和合理利用，整体提升林业旅游的发展效益和水平；科学谋划发展思路，明确当前和今后一个时期林业旅游的发展方向和工作重点，指导全国林业旅游产业的科学发展，进一步发挥林业在加快推进生态文明和美丽中国建设中的重要作用。

《纲要》提出，到2020年，实现各类森林等自然资源旅游景区总数达到9000处，旅游人数达16亿人次，创社会综合产值达10000亿元，规划期内累计新增直接就业150万人，间接就业600万人，将森林等自然资源旅游培育成林业支柱产业，在满足城乡居民日益增长的生态空间需求的同时，成为展示美丽中国、传播生态文化的重要窗口的发展目标。

《纲要》明确了森林等自然资源旅游发展八大主要任务。一是充分利用资源，加快建立各类景区；二是加强资源保护，提高资源保护力度；三是加强景区建设，提升接待服务水平；四是发挥自身优势，培育特色产品体系；五是强化解说服务，提高科学普及能力；六是推动林业旅游示范区建设；七是扩大宣传推广，稳步推进品牌建设；八是带动林农增收，推动林区经济发展。

《纲要》提出了6项保障措施，即加强组织领导、健全管理体制，完善法规政策、提高执法能力，加大资金投入、拓宽投资渠道，健全规划体系、强化实施监管，壮大人才队伍、加强素质建设，坚持保护优先、加强科技支撑。

《纲要》确定了我国（未含香港、澳门、台湾）9个森林等自然资源旅游区，分别是：大兴安岭—三江平原—长白山林业旅游区，天山—祁连山—蒙新高原林业旅游区，太行山—泰山—黄河中下游林业旅游区，秦岭—大别山—淮河流域林业旅游区，四川盆地—武陵山—长江中下游林业旅游区，武夷山—南岭—珠江流域林业旅游区，热带雨林、季雨林林业旅游区，云贵高原珍稀动植物林业旅游区和青藏高原高寒植被林业旅游区。确定了林海雪原森林景观旅游带，三江流域沼泽湿地景观旅游带，大漠草原景观旅游带，太行秦川山区与文化景观旅游带，黄河湿地文化景观旅游带，湘、鄂、川原始森林景观旅游带，长江中下游水乡泽国湿地景观旅游带，武夷碧水丹山森林及地貌景观旅游带，热带雨林、季雨林森林景观旅游带，岩溶地貌及珍稀动植物景观旅游带和青藏高原（冰川）地貌及高寒植被景观旅游带等11条特色森林等自然资源旅游带。

二、地方性发展规划

1.《内蒙古自治区森林公园发展规划（2014～2025年）》

内蒙古自治区林业厅组织编制了《内蒙古自治区森林公园发展规划（2014～2025年）》（以下简称《规划》），《规划》强调要完善森林旅游基地建设，加强生态环境和景观建设，有效保护和合理利用森林风景资源。《规划》的编制和出台有力地推动了内蒙古自治区森林公园的建设发展步伐。

2.《吉林省森林和湿地生态旅游发展战略规划(2011～2030年)(修编)》

吉林省林业厅在广泛调研的基础上，根据吉林省自然保护区、森林公园的建设情况及森林生态旅游发展现状，对《吉林省森林和湿地生态旅游发展战略规划（2011～2030年)》（以下简称《规划》）进行了修编。《规划》的修编对于改善吉林省森林生态旅游基础差、起点低，自然保护区、森林公园、湿地公园旅游开发利用率低等现状具有重大意义。

3.《江苏省森林旅游发展规划（2012～2020年)》

江苏省组织专家认真调研，科学总结森林旅游发展经验，编制了《江苏省森林旅游发展规划（2012～2020年)》（以下简称《规划》)。《规划》进一步明确了江苏省森林旅游发展方向和目标，促进江苏省森林公园建设与森林旅游事业快速发展。

4.《广东省森林公园和湿地公园体系建设规划（2013～2017年)》

广东省林业厅于2013年11月在广州市召开新一轮绿化广东大行动专题规划评审会，会议审议通过了《广东省森林公园和湿地公园体系建设规划(2013～2017年)》(以下简称《规划》)。《规划》将广东省森林公园和湿地公园体系建设分为两期。前期为2013～2015年，后期为2016～2017年。到2015年，广东省将新增森林公园518个、湿地公园98个；到2017年，与2015年相比，全省再新增森林公园519个、湿地公园70个。《规划》的编制为推动新一轮绿化广东大行动提供了行动指南，为实现建设全国绿色生态第一省的目标提供了强有力的技术支撑。

5.《海南省热带森林旅游发展总体规划（2011～2020年)》

海南省省政府于2013年7月批准和正式印发了《海南省热带森林旅游发展总体规划（2011～2020年)》(以下简称《规划》),《规划》是海南省实施国际旅游岛战略中的一项重点规划编制项目，旨在充分挖掘海南省丰富的林业生态资源，在认识海南省森林旅游发展的现状问题和实际诉求的基础上，探索出一条森林旅游“优先保护，试点精品开发”的新路径。该《规划》对于提升海南省旅游产业发展水平、丰富海南旅游产品，促进海南热带森林旅游产业发展具有十分重要的推动作用和现实意义。

6.《海南三亚市热带森林旅游发展规划（2013～2020年)》

海南省三亚市于2013年3月组织召开了《海南三亚市热带森林旅游发展规划（2013～2020年)》(以下简称《规划》）专家评审会，《规划》顺利通过专家评审。《规划》基础资料翔实，深入研究了三亚市热带森林旅游发展现状，基于资源与市场综合导向提出了规划期内全市热带森林旅游发展的目标与战略；围绕热带森林旅游发展目标与战略制定了热带森林旅游分区发展规划，森林公园、自然保护区、湿地公园等项目建设规划，热带森林旅游产品规划，森林资源与生态环境保护规划；《规划》符合三亚市森林旅游发展的客观条件，符合国内、国际森林旅游发展的趋势，对三亚市热带森林旅游业发展具有指导意义。

7.《内蒙古森工集团(林管局)“十二五”旅游发展规划纲要(2010 ~ 2015 年)》

内蒙古森工集团组织编制了《内蒙古森工集团（林管局）“十二五”旅游发展规划纲要(2010 ~ 2015 年)》，促进林区形成“三区五点六带”的森林旅游发展格局。

8.《大兴安岭地区森林旅游发展总体规划（2010 ~ 2025 年)》

大兴安岭林业集团组织人员重新修订了《大兴安岭地区森林旅游发展总体规划（2010 ~ 2025 年)》，确定了大兴安岭森林旅游“一轴两核两区”的旅游发展空间格局。“一轴”为加格达奇至漠河北极村的加—漠旅游组织服务轴；“两核”为神州北极体验旅游区、加格达奇旅游综合服务区；“两区”为呼中森林生态旅游区和兴安民族文化旅游区。

三、森林公园、自然保护区总体规划

2013 年，国家林业局国有林场和林木种苗工作总站负责组织、指导和督促国家级森林公园聘请具有相应资质的工程咨询单位，严格依照《国家级森林公园总体规划规范》（LY/T2005–2012）编制或修编国家级森林公园总体规划。为贯彻实施国家林业局《关于编制国家级森林公园总体规划有关问题的通知》（林规发〔2012〕130 号），各省（自治区、直辖市）国家级森林公园、国家级自然保护区积极组织编制总体规划；同时，各省（自治区、直辖市）林业厅（局）组织评审专家对国家森林公园、国家级自然保护区的总体规划进行了评审，并积极上报国家林业局，申请批复。

2013 年，国家林业局共批复了 14 个国家级森林公园总体规划和 21 个国家级自然保护区总体规划，批复了广东车八岭、北京松山 2 个国家级自然保护区生态旅游规划。2013 年国家林业局批复的国家级森林公园总体规划、国家级自然保护区总体及国家级自然保护区生态旅游规划，详见表 4。

表4 2013年国家林业局批复的国家级森林公园总体规划、国家级自然保护区总体规划及国家级自然保护区生态旅游规划

序号	文件号	获批复单位	数量（个）
1	林规发〔2013〕12号	江西天花井国家级森林公园	1
2	林规发〔2013〕22号	河北小五台山国家级自然保护区、辽宁章古台国家级自然保护区、西藏察隅县慈巴沟国家级自然保护区、西藏雅鲁藏布大峡谷国家级自然保护区	4
3	林规发〔2013〕57号	浙江半山国家级森林公园、浙江庆元国家级森林公园、黑龙江北极村国家级森林公园、黑龙江三道关国家级森林公园	4

（续）

序号	文件号	获批复单位	数量（个）
4	林规发〔2013〕82号	内蒙古古日格斯台国家级自然保护区、黑龙江胜山国家级自然保护区、广东石门台国家级自然保护区、四川黑竹沟国家级自然保护区、云南轿子山国家级自然保护区、陕西韩城黄龙山褐马鸡国家级自然保护区、宁夏罗山国家级自然保护区	7
5	林规发〔2013〕118号	贵州雷公山国家级森林公园	1
6	林规发〔2013〕133号	江西齐云山国家级自然保护区、山东黄河三角洲国家级自然保护区、湖南小溪国家级自然保护区、云南省大山包黑颈鹤国家级自然保护区、黑龙江呼中国家级自然保护区	5
7	林规批字〔2013〕154号	福建武夷山国家级自然保护区、江西武夷山国家级自然保护区、湖北堵河源国家级自然保护区、广西弄岗国家级自然保护区、陕西长青国家级自然保护区	5
8	林规发〔2013〕166号	四川福宝国家级森林公园、四川龙苍沟国家级森林公园、湖南天泉山国家级森林公园、重庆酉阳桃花源国家级森林公园、西藏热振国家级森林公园、山东峨庄古村落国家级森林公园、山东原山国家级森林公园	7
9	林规发〔2013〕208号	贵州九道水国家级森林公园	1
10	林护发〔2013〕73号	北京松山国家级自然保护区	1
11	林护发〔2013〕97号	广东车八岭国家级自然保护区	1

四、相关标准

（一）行业标准

1.《森林人家等级划分与评定》标准

2013年3月，国家林业局发布公告，批准《森林人家等级划分与评定》标准，并于2013年7月1日起实施。《森林人家等级划分与评定》标准规定了森林人家的术语和定义、基本条件、等级划分、星级基本条件和等级评定，适用于森林人家等级划分与评定。

2.《自然保护区生态旅游管理评价技术规范》

2013年3月，国家林业局发布公告，批准《自然保护区生态旅游管理评价技术规范》标准，并于2013年7月1日起实施。《自然保护区生态旅游管理评价技术规范》标准规定了自然保护区生态旅游管理评价的基本准则、评价指标体系和评价方法等技术性、原则性要求。

3. 审查通过《自然保护区工程设计规范》和《湿地保护工程设计规范》

2013年9月，国家林业局审查通过了《自然保护区工程设计规范》和《湿地保护工程设计规范》（以下简称《规范》）。《规范》是为适应我国自然保护区工程和湿地保护工程建设发展的需要，由住房和城乡建设部安排制订的国家建设工程标准。《规范》将自然保护区和湿地保护工程的保护恢复、科研监测、栖息地改善、公众教育、可持续发展、防灾减灾和信息化等工程设计纳入国家规范，涉及专业宽，适用范围广。《规范》的编制对完善我国自然保护区工程建设和湿地保护工程标准体系，规范自然保护区和湿地保护工程的设计，促进自然保护区和湿地工程管理制度化、规范化，提高自然保护区和湿地工程建设管理水平具有积极作用。

（二）地方标准

1. 北京市

审议通过《北京市级湿地确认标准》 北京市第一次湿地保护工作联席会议于2013年8月审议通过了《北京市级湿地确认标准》（以下简称《标准》）。《标准》规定将北京市的河流、库塘、湖泊、沼泽，以及野生水生动物的重要栖息地、迁徙中转地，都划入市级湿地范围，依法进行保护和管理。被划为湿地的农田，将不能随意改变种植结构和用途。

编制《北京市森林公园养护管理费用标准》 为突出森林公园的社会公益属性，逐步把森林公园的养护管理费用纳入财政预算，从而保障森林公园的正常运营，北京市园林绿化局于2013年开展了相关调研，启动了《北京市森林公园养护管理费用标准》的制定工作，为制定相关财政投入政策提供决策依据。

2. 广东省

发布《森林公园质量等级划分与评定》标准 广东省质量技术监督局于2013年12月审查通过了广东省《森林公园质量等级划分与评定》标准，批准正式发布，2014年3月起开始实施。广东省《森林公园质量等级划分与评定》标准是全国首个针对森林公园质量等级评定的地方标准，该标准的颁布施行，将使广东省森林公园建设和管理纳入规范化、标准化、科学化的管理轨道，促进森林风景资源的合理利用和生态保护，有利于维护森林公园和旅游者的合法权益，对森林公园发展起到规范和导向作用。

3. 云南省

审查通过《森林旅游示范区评定规程》地方标准 云南省林业标准化技术委员会于2013年12月审查通过了《森林旅游示范区评定规程》地方标准，《森林旅游示范区评定规程》是在云南省委、省政府将森林旅游业列入林业九大产业之后，云南首次制定的森林旅游方面的地方标准，同时也走在了全国森林旅游地方标准制修订工作的前列。

第四章

目的地发展与建设

■ 景区规模

■ 景区建设

第四章　目的地发展与建设

2013 年，全国森林等自然资源旅游景区规模逐步扩大，覆盖全国的森林等自然资源旅游景区体系已基本形成；森林等自然资源旅游基础设施建设已经渐具规模，基本形成了吃、住、行、游、购、娱各要素配套的硬件建设；资金投入力度持续增加。

一、景区规模

2013 年，全国森林等自然资源旅游景区规模逐步壮大，森林公园、湿地公园以及林业系统自然保护区总数达 5834 处，其中森林公园 2948 处，林业系统自然保护区 2163 处，湿地公园 723 处，详见图 1A。森林公园、湿地公园以及林业系统自然保护区总面积达到 14594.92 万公顷，其中森林公园面积 1758.00 万公顷，占总面积的 12.05%，自然保护区面积 12446.62 万公顷，占总面积的 85.28%，湿地公园 390.30 万公顷，占总面积的 2.67%，详见图 1B；其中提供森林旅游服务的森林公园、湿地公园及林业系统自然保护区总面积 2276.55 万公顷，约占国土面积的 2.4%。同时，建立了一大批植物园、野生动物园、沙漠景观旅游区等。

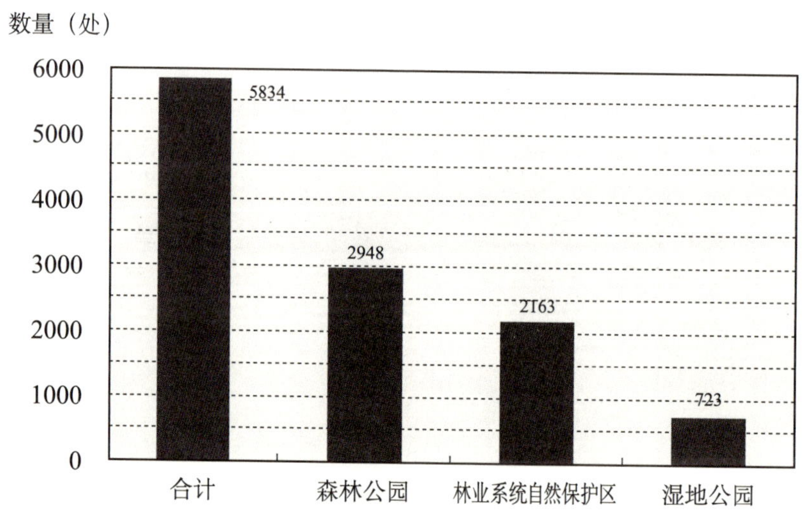

图1A　2013年主要森林等自然资源旅游景区数量

图1B 2013年主要森林等自然资源旅游景区面积

（一）森林公园

截至 2013 年底，全国共建立森林公园 2948 处，比 2012 年增加了 93 处，同比增长 3.26%；总面积 1758.00 万公顷，比 2012 年增加了 19.79 万公顷，同比增长 1.14%。其中，国家级森林公园 780 处(含国家级森林旅游区 1 处)，比 2012 年增加了 15 处，面积 1214.33 万公顷，比 2012 年增加了 9.22 万公顷；省级森林公园 1371 处，比 2012 年增加了 56 处，面积 421.60 万公顷，比 2012 年增加了 10.35 万公顷；县（市）级森林公园 797 处，比 2012 年增加了 22 处，面积 122.08 万公顷，比 2012 年增加了 0.22 万公顷。广东、山东、浙江、福建、江西、河南、四川、湖南、山西共 9 个省的森林公园总数超 100 处，详见表 5。2013 年新增加的国家级森林公园 15 处，详见附录一。2010 ～ 2013 年全国森林公园总数、国家级森林公园总数、省级森林公园总数以及县（市）级森林公园总数变化情况，参见图 2。

表5 2011～2013年森林公园总数超100处的省份名单

序号	省份	2013年森林公园总数（处）	2012年森林公园总数（处）	2011年森林公园总数（处）
1	广东	460	457	458
2	山东	242	239	224
3	浙江	195	177	169
4	福建	178	178	138
5	江西	169	162	156
6	河南	160	150	146
7	四川	121	119	116
8	湖南	119	113	110
9	山西	111	111	111

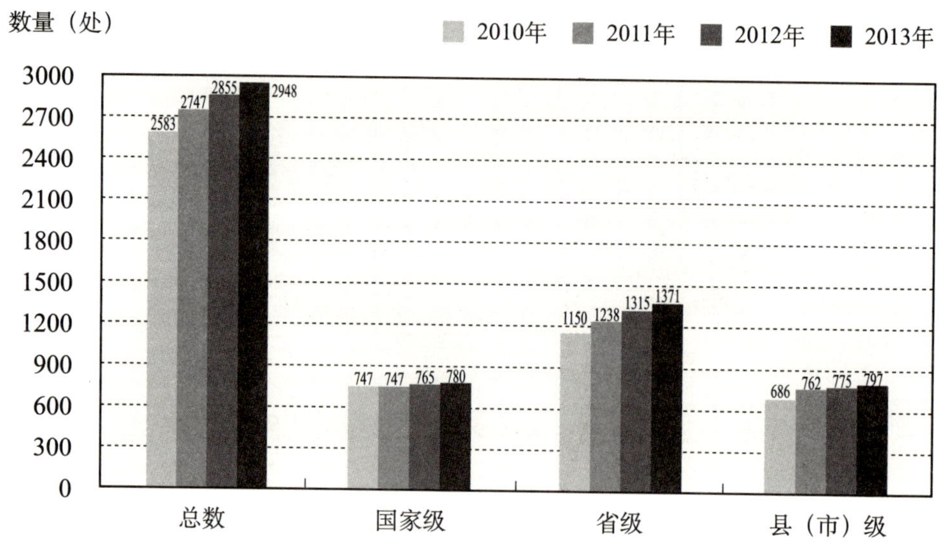

图2　2010～2013年各级别森林公园数量变化情况

我国幅员辽阔，各区域的自然历史条件差异较大，资源禀赋和经济、社会发展不均衡，致使我国森林公园的分布呈现出明显的区域差异特征。森林等自然资源旅游在总体上呈现东强西弱、南强北弱的特征，如广东、山东、福建、浙江、江西、河南、湖南7省的森林公园数量占到全国森林公园总数的1/3以上。

按照东部、中部、西部和东北部四个地区进行2013年全国森林公园数量和面积统计，参见图3A、3B。东部地区森林公园总数1296处，比2012年增加44处，同比增长3.51%；面积302.65万公顷，比2012年增加5.57万公顷，同比增长1.87%；其中国家级森林公园206处，比2012年增加5处，面积126.38万公顷，比2012年增加1.13万公顷；省级森林公园502处，比2012年增加21处，面积78.21万公顷，比2012年增加3.96万公顷；县级森林公园588处比2012年增加18处，面积98.06万公顷，比2012年增加2.49万公顷。

中部地区森林公园总数718处，比2012年增加31处，同比增长4.51%，面积244.42万公顷，比2012年增加6.99万公顷，同比增长2.94%；其中国家级森林公园203处，比2012年增加5处，面积152.74万公顷，比2012年增加3.39万公顷；省级森林公园379处，比2012年增加20处，面积72.57万公顷，比2012年增加3.50万公顷；县级森林公园136处，比2012年增加6处，面积19.10万公顷，比2012年增加0.09万公顷。

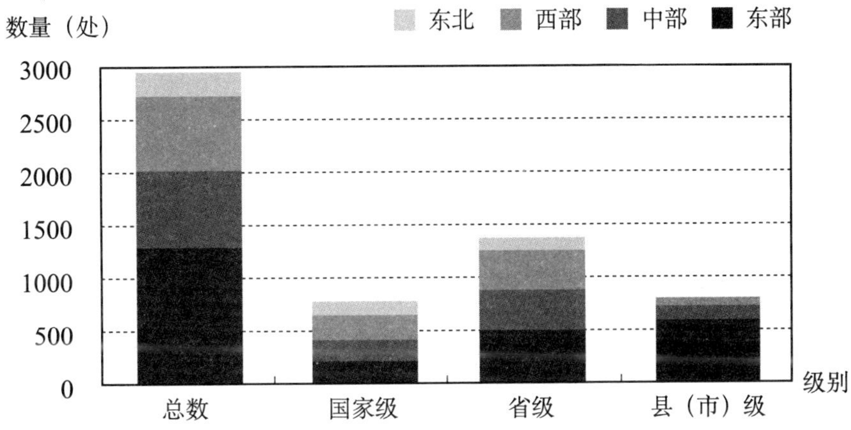

图3A　2013年全国森林公园数量分布情况

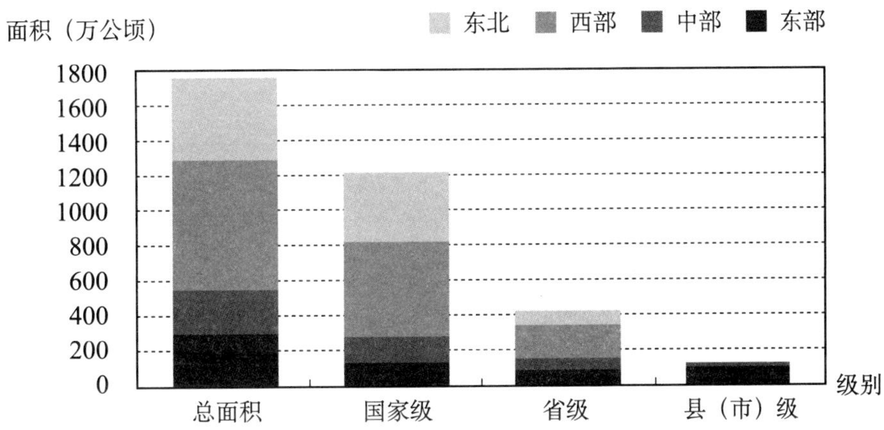

图3B　2013年全国森林公园面积分布情况

西部地区森林公园总数703处，比2012年增加12处，同比增长1.74%，面积740.83万公顷，比2012年增加3.45万公顷，同比增长0.47%；其中国家级森林公园250处，比2012年增加3处，面积541.32万公顷，比2012年增加1.94万公顷；省级森林公园380处，比2012年增加11处，面积194.60万公顷，比2012年增加1.87万公顷；县级森林公园73处，比2012年减少2处，面积4.91万公顷，比2012年减少0.36万公顷。

东北地区森林公园总数231处，比2012年增加6处，同比增长2.67%，面积470.11万公顷，比2012年增加3.79万公顷，同比增长0.81%；其中国家级森林公园121处，比2012年增加2处，面积393.89万公顷，比2012年增加2.75万公顷；省级森林公园110处，比2012年增加4处，面积76.21万公顷，比2012年增加1.03万公顷。

（二）自然保护区

截至2013年底，全国各级林业系统自然保护区数量2163处，总面积12446.62万公顷，约占国土面积的12.96%，占全国自然保护区总数量的81.04%，占全国自然保护区总面积的83.10%。其中国家级自然保护区325处，占总数的15.03%，面积7873.65万公顷，占总面积的63.26%；省级自然保护区701处，占总数的32.41%，面积3363.94万公顷，占总面积的27.03%；地市级自然保护区322处，占总数的14.89%，面积534.46万公顷，占总面积的4.29%；县级自然保护区815处，占总数的37.68%，面积674.57万公顷，占总面积的5.42%，详见图4。2013年新增国家级自然保护区39处，详见附录二。

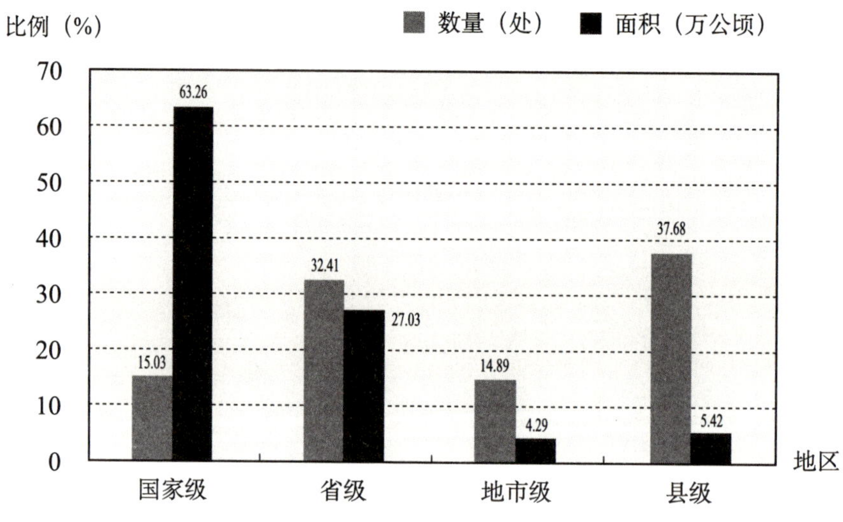

图4　2013年各级别自然保护区所占总数量与总面积的比例

截至2013年底，提供森林旅游服务的林业系统自然保护区数量356处，面积1288.65万公顷。其中国家级自然保护区100处，面积704.50万公顷；省级自然保护区125处，面积322.17万公顷，地、县及以下的自然保护区131处面积261.99万公顷。

截至2013年底，林业系统自然保护区中，森林生态系统类型有1339处，面积3305.87万公顷；湿地生态系统类型有379处，面积3167.32万公顷；荒漠生态系统类型33处，面积3728.77万公顷；野生植物类型有120处，面积138.90万公顷；野生动物类型有283处，面积2076.78万公顷。此外，还有自然遗迹类型7处，面积26.67万公顷；草原与草甸类型有2处，面积2.31万公顷。不同类型自然保护区数量和面积所占比例，详见表6。

表6 2013年全国林业系统不同类型自然保护区所占比例

类型	数量（处）	所占总数比例（%）	面积（万公顷）	所占总面积比例（%）
森林生态系统	1339	61.90	3305.87	26.56
湿地生态系统	379	17.52	3167.32	25.45
荒漠生态系统	33	1.53	3728.77	29.96
野生植物	120	5.55	138.90	1.12
野生动物	283	13.08	2076.78	16.69
自然遗迹	7	0.32	26.67	0.21
草原与草甸	2	0.09	2.31	0.02

（三）湿地公园

截至2013年底，全国各级湿地公园数量达723处，比2012年增加235处，同比增长48.16%；总面积390.30万公顷，比2012年增加了210.30万公顷，同比增长116.83%。其中国家湿地公园429处，比2012年增加131处，面积229.50万公顷，比2012年增加51.50万公顷；省级湿地公园279处，面积158.80万公顷；县级湿地公园15处，面积2.00万公顷。2013年新增国家湿地公园131处，详见附录三，其分布见表7。

表7 2013年新增国家湿地公园

东部地区26处		中部地区33处		西部地区53处				东北地区19处	
省份	数量	省份	数量	省份	数量	省份	数量	省份	数量
河　北	2	河　南	7	甘　肃	3	陕　西	8	黑龙江	9
江　苏	5	湖　北	13	广　西	3	四　川	4	吉　林	8
山　东	15	湖　南	8	贵　州	15	新　疆	8	辽　宁	2
天　津	1	江　西	3	内蒙古	5	云　南	3		
福　建	1	山　西	2	宁　夏	2	青　海	2		
广　东	1								
上　海	1								

（四）其他

2013年，其他森林等自然资源旅游景区、植物园、野生动物园、林业生态观光园和生态文明教育基地也呈现出不同程度的增加态势。

截至2013年底，新增江苏泰兴国家古银杏公园1处，国家级林业专业公园总数达4处；广袤的荒漠戈壁大多分布在西部和北部地区，在内蒙古、甘肃、青海、宁夏、新疆等省（自治区）建立沙漠旅游区20处，占全国沙漠旅游区总数的95%，2013年新增宁夏沙坡头国家沙漠公园1处。

二、景区建设

（一）基础服务设施建设

2013年，各类森林等自然资源旅游景区都在不断加大投入力度，逐步完善旅游基础服务设施。截至2013年底，全国森林公园共有旅游车船37816台(艘)，比2012年增加4255台（艘），同比增长12.58%；共拥有游步道74189.97千米，比2012年增加9957.19千米，同比增长15.50%。2010～2013年全国森林公园景区基础服务设施规模情况，详见表8。

表8 2010～2013年全国森林公园景区旅游基础服务设施规模

基础设施类型（单位）	2013年		2012年		2011年		2010年（数量）
	数量	同比增长（%）	数量	同比增长（%）	数量	同比增长（%）	
车船（艘）	37816	12.58	33591	8.01	31100	23.20	25244
步道（千米）	74189.97	15.50	64232.78	6.43	60350.33	10.39	54672.40

（二）资金投入

2013年，全国森林等自然资源旅游景区的资金投入力度持续加大。以森林公园为例，全国森林公园共投入建设资金486.69亿元，比2012年增加54.62亿元，同比增长12.64%，参见图5。其中国家投入资金79.95亿元，占投入资金总数的16.43%；自筹资金131.44亿元，占投入资金总数的27.01%；招商引资275.30亿元，占投入资金总数的56.57%，参见图6。

分区域看，东部地区森林公园共投入资金138.50亿元，占全国森林公园总投入资金的28.46%，比2012年增加25.92亿元，同比增长23.02%；中部地区森林公园总投入资金67.52亿元，占全国森林公园总投入资金的13.87%，比2012年减少5.44亿元，同比下降7.46%；西部地区森林公园共投入资金99.95亿元，占全国森林公园总投入资金的20.54%，比2012年减少21.05亿元，同比减少17.40%；东北地区森林公园共投入资金180.73亿元，占全国森林公园总

图5　2010～2013年全国森林公园、环境建设投入资金总额

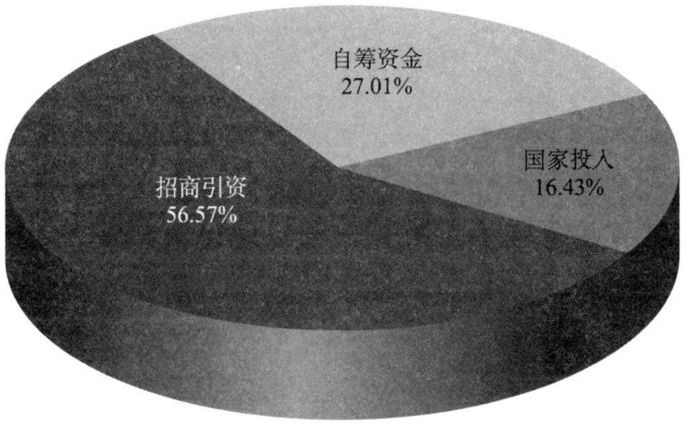

图6　2013年全国森林公园资金投入来源

投入资金的 37.13%，比 2012 年增加 55.20 亿元，同比增长 43.97%，详见图 7。2010 ～ 2013 年各区域森林公园投入资金总额变化情况，参见图 8。

2013 年，全国森林公园共投入环境建设资金 56.15 亿元，比 2012 年增加 8.16 亿元，同比增长 17.00%，详见图 5。分区域看，东部地区投入环境建设资金 27.19 亿元，比 2012 年增加 5.46 亿元，同比增长 25.13%，占全国投入环境建设资金的 48.42%；中部地区投入环境建设资金 11.44 亿元，比 2012 年增加 0.81 亿元，同比增长 7.62%，占全国投入环境建设资金的 20.37%；西部地区投入环境建设资金 12.75 亿元，比 2012 年增加 1.69 亿元，同比增长 15.28%，占

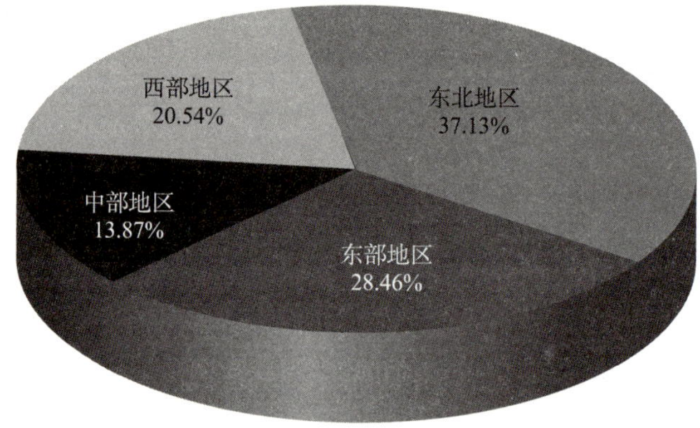

图7　2013年各区域森林公园投入资金情况

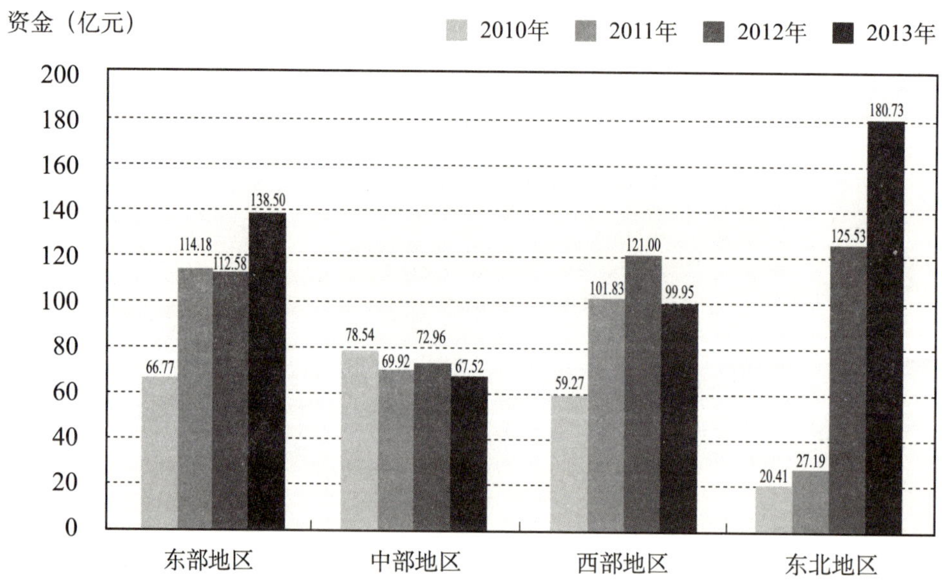

图8　2010～2013年各区域森林公园投资总额变化情况

全国投入环境建设资金的22.71%；东北地区投入环境建设资金4.77亿元，比2012年增加0.20亿元，同比增长4.38%，占全国投入环境建设资金的8.50%，参见图9。

此外，2013年，国家花木专类园建设投资力度也有所加大，洛阳国家牡丹园、鄢陵国家花木博览园、邳州国家银杏博览园和江苏泰兴国家古银杏公园共投入建设资金1.61亿元。同时，按照《全国湿地保护工程“十二五”实施规划》，共审查项目 146 个，安排项目 61 个，下达中央预算内投资 2.42 亿元。中央财政湿地保护补助资金规模进一步增加，2013 年项目资金 2.50 亿元，比 2012 年增加了 25%。

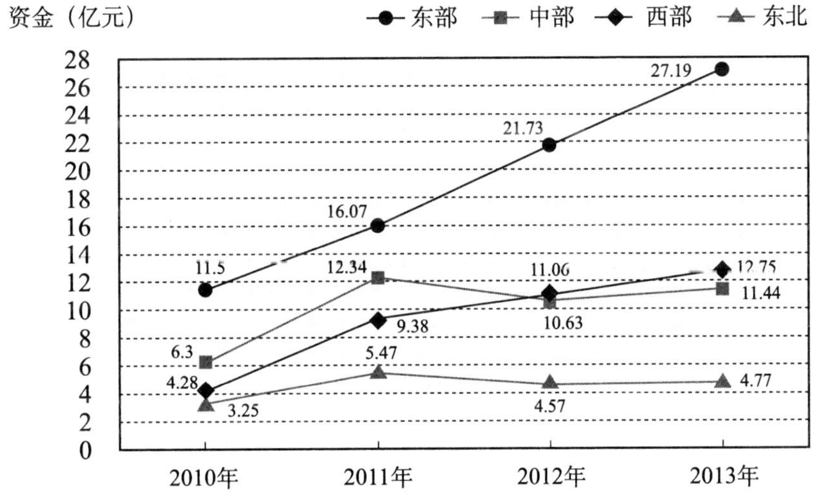

图9　2010～2013年各区域环境建设投入资金情况

第五章

目的地保护与管理

- 森林公园保护管理
- 湿地保护管理
- 荒漠公园保护管理
- 生物多样性保护

第五章　目的地保护与管理

森林等自然资源旅游目的地包括森林公园、湿地公园、林业系统自然保护区、沙漠景观旅游区等，是构成森林生态系统、湿地生态系统、荒漠生态系统的重要组成部分。其中我国林业系统自然保护区保护着我国90%的陆地生态系统类型、85%的野生动植物种群和65%的高等植物群落，涵盖了20%的原生林、50%的自然湿地和30%的典型荒漠地区，对保护生态系统和生物多样性发挥了重要的作用。

2013年，全国各级林业部门加强了对森林等自然资源旅游目的地的保护和管理，积极探索合理利用森林等自然资源的有效途径，以充分发挥森林等自然资源旅游目的地在建设和保护森林生态系统、管理和恢复湿地生态系统、改善和治理荒漠生态系统、维护和发展生物多样性中的巨大作用。

一、森林公园保护管理

全国各级林业部门坚持森林资源合理利用与保护并重的原则，通过规范森林公园行政许可事项办理、强化占用征用森林公园林地的审批与管理、加大林相改造和植树造林力度、实施森林公园监督检查等各项措施，加强了森林公园的保护和监督管理，有效地保护了森林生态系统。

（一）森林公园行政许可事项办理

国家林业局准予设立江西彭泽等15处国家级森林公园，准予安徽大龙山等9处国家级森林公园改变经营范围，准予黑龙江梅花山、福建董奉山国家级森林公园改变经营范围和公园变更，准予内蒙古黑大门、黑龙江横头山国家级森林公园变更公园名称，进一步规范了森林公园行政许可事项办理程序，强化了森林公园监管力度。

（二）征占用森林公园林地的审查管理

在森林公园管理上，各省（自治区、直辖市）严格贯彻执行《中华人民共和国森林法》、《中华人民共和国旅游法》、《森林公园管理办法》和《占用征用林地审核审批管理规范》等，对占用森林公园林地严格把关，将森林公园的森林、林木和林地纳入特种用途林和林地管理范畴，严厉打击侵占林地、乱采滥伐和非法采矿等违法行为，防止和杜绝对森林风景资源的无序开发及建设有污染破坏原生态的行为。如2013年贵州省审核同意占用省级森林公园林地项目及审查同意上报占用国家级森林公园林地项目共10余起，审查不同意占用项目21起。吉林省全年共办理林业行政案件17起，收缴林政罚款22700元，清查收缴被侵占林地16.85公顷，有效地打击了乱砍滥伐、侵占林地、毁坏森林资源的行为。

（三）加大植树造林和林相改造力度

全国各级森林公园继续通过营造风景林、改造林相、植树造林等多种方式，完成植树造林 10.94 万公顷，比 2012 年减少 0.31 万公顷，同比减少 2.76%；改造林相 19.26 万公顷，比 2012 年增加 2.12 万公顷，同比增长 12.37%，参见图 10。进一步提高了森林公园景观质量，把更多的森林公园建设成林业弘扬生态文明的重要阵地。如北京市西山国家森林公园实施了红叶景观改造和林内游憩功能提升项目，总面积 2706 亩；建设了“北京市园林绿化科技创新示范区”，总面积 11181 亩；建设了“景观旅游区风景游憩林低碳经营技术推广示范区”，总面积 570 亩。广东省全省森林公园共植树造林 5683 公顷、改造林相 6855 公顷，同时积极配合生态景观林带、森林碳汇、森林进城围城和乡村绿化美化四大重点林业生态工程建设，加大森林公园内的风景林造林和林相改造力度，提升森林风景资源质量。贵州省全年改造林相 798 公顷，植树造林 1199 公顷，森林旅游景区通过实施景观改造，景观林显著增加，森林覆盖率亦得到提高，森林公园和自然保护区内林木组成和林种结构更加完善合理。青海省为加强对森林公园森林风景资源的保护，将全省国有林场和森林公园全部界定为生态公益林，纳入天然林保护工程、生态公益建设工程等，为森林公园风景林的保护提供了有力支撑。

分区域看，东部地区植树造林 2.98 万公顷，比 2012 年增加 0.11 万公顷，同比增长 3.83%，占全国造林植树面积的 27.24%；中部地区植树造林 2.10 万公顷，比 2012 年减少 0.96 万公顷，同比减少 31.37%，占全国造林植树面积的

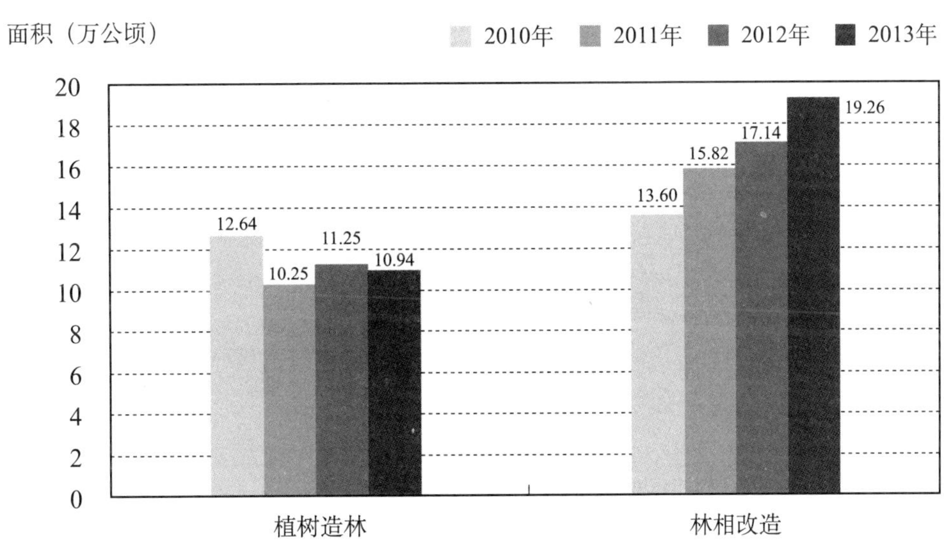

图10 2010～2013年全国森林公园环境建设情况

19.20%；西部地区植树造林 3.39 万公顷，比 2012 年减少 0.08 万公顷，同比减少 2.31%，占全国造林植树面积的 30.99%；东北地区植树造林 2.47 万公顷，比 2012 年增加 0.62 万公顷，同比增长 33.51%，占全国造林植树面积的 22.58%，参见图 11A。

分区域看，东部地区改造林相 4.97 万公顷，比 2012 年减少 0.03 万公顷，同比下降 0.60%，占全国林相改造面积的 25.80%；中部地区改造林相 4.94 万公顷，比 2012 年减少 0.35 万公顷，同比减少 6.62%，占全国林相改造面积的 25.65%；西部地区改造林相 5.54 万公顷，比 2012 年增加 1.80 万公顷，同比增加 48.13%，占全国林相改造面积的 28.76%；东北地区改造林相 3.81 万公顷，比 2012 年增加 0.70 万公顷，同比增加 22.51%，占全国林相改造面积的 19.78%，参见图 11B。

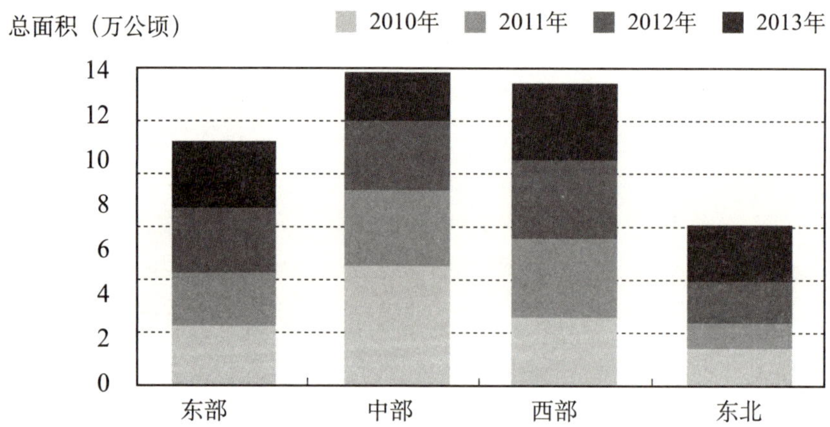

图11A 各区域2010～2013年植树造林情况

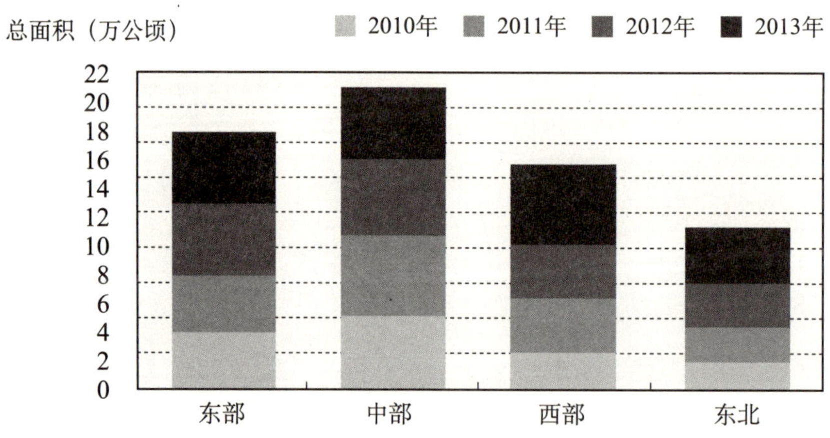

图11B 各区域2010～2013年林相改造情况

（四）实施森林公园监督检查工作

各级林业主管部门根据国家林业局《关于开展国家级森林公园行政许可实施情况专项检查工作的通知》（林场园字〔2013〕36号），组织开展了专项检查工作，进一步规范了森林公园建设与管理，以维护森林风景资源所有者和使用者的合法权益，保障森林风景资源保护利用的良好秩序，促进森林公园健康发展。如内蒙古自治区组织全区21处森林公园开展了国家级森林公园行政许可实施情况专项检查，在公园自查基础上，内蒙古自治区林业厅法规处、林场局抽调人员组成检查组，赴呼伦贝尔市、兴安盟、赤峰市等盟市进行了抽查，进一步规范了森林公园开发建设行为。陕西省林业厅组织对西安、宝鸡、安康、汉中四市进行了重点抽查，实地察看了蓝田县玉山、户县太平、陈仓区吴山、眉县太白山、岚皋县南宫山、汉台区汉中天台和南郑县黎坪等森林公园保护与建设、管理与经营情况，听取了汇报，并就检查中发现的问题与当地政府、人大及有关部门交换了意见，提出了整改措施。

二、湿地保护管理

2013年，为加强湿地生态系统的管理和保护，国家林业局下发《关于认真贯彻实施湿地保护管理规定的通知》（办湿字〔2013〕49号）。各级林业部门坚持湿地资源开发与保护并重的原则，通过建立湿地红线制度、严厉打击破坏湿地的行为、实施湿地保护和恢复项目、加强湿地公园的建设管理，湿地生态系统保护管理工作取得了重大进展。

（一）建立湿地红线制度，打击破坏湿地资源的行为

2013年，为推进建立湿地红线制度，结合第二次全国湿地资源调查的初步结果，经过专家论证，国家林业局向国务院上报了“到2020年全国湿地总面积不低于8亿亩的湿地红线”。各级林业部门部署开展了打击破坏湿地资源专项行动，查处了一批破坏湿地资源案件。如河南省黄河湿地国家级自然保护区三门峡管理处与市森林公安局联合行动，对辖区内破坏湿地资源行为开展处理督办。新疆维吾尔自治区各县市林业部门同时启动了“打击破坏湿地资源专项行动”，通过打击破坏湿地资源行为，掌握破坏湿地资源事件的最新情况、特点和规律，及时为遭到破坏的湿地收复“失地”。

（二）实施湿地保护与恢复项目

截至2013年底，国家已投入7.2亿元，实施108个湿地保护与恢复项目。“十一五”以来，我国新建湿地自然保护区80处，湿地自然保护区总数达到550多处，全国每年新增湿地保护面积30多万公顷，自然湿地保护率以每年1个百分点的速度递增。如新疆维吾尔自治区共落实中央预算内投资2920万元，其中湿地保护与恢复工程项目资金2320万元、中央财政湿地补助资金600万元。湿地保护工程和湿地补助项目的实施，使丧失的湿地面积得到较大恢复。新疆维

吾尔自治区已实施湿地项目的湿地保护区、国家重要湿地和国家湿地公园通过建设管护站、巡护道路、瞭望塔等基础设施，配备巡护设备等措施，极大提高了保护区管护能力，使保护区内资源得到有效保护。

三、荒漠公园保护管理

国家林业局印发了《国家沙漠公园试点建设管理办法》（林沙发〔2013〕232号），积极争取国家有关部委对沙漠公园的资金支持；下发《关于做好国家沙漠公园建设试点工作的通知》（林沙发〔2013〕145号），确定了国家沙漠公园建设的原则、内容和建设重点，规定了申报条件和申报程序等；批复了全国首家“宁夏沙坡头国家沙漠公园”（林沙发〔2013〕124号）。沙坡头位于宁夏回族自治区中卫市，面积1.3万余公顷，是中国第一个具有沙漠生态特点，并取得良好治沙成果的自然保护区，创造出了以麦草方格为主的“五带一体”治沙体系，结束了长久以来“沙逼人退”的困局。宁夏沙坡头国家沙漠公园的设立对于宣传沙坡头防沙治沙技术、促进沙坡头区域沙漠景观保护、开展科学研究、加强宣传教育和保存自然文化遗产等具有重要意义。

同时，各级林业相关部门按照国家林业局的相关要求积极开展国家沙漠公园建设试点工作，发挥国家沙漠公园在荒漠生态系统改善和治理进程中的重大作用。如新疆维吾尔在油城克拉玛依开建了我国第一个干旱荒漠森林公园，这座森林公园的建设注重体现植物的多样性和节水的特点，绿化树种多选择耐旱、易成活的胡杨、白榆、白蜡等乔木以及红柳、梭梭等灌木品种。

专栏6 国家林业局关于做好国家沙漠公园建设试点工作的通知

林沙发〔2013〕145号

各省、自治区、直辖市林业厅（局），新疆生产建设兵团林业局：

为规范国家沙漠公园建设和管理，促进国家沙漠公园健康发展，按照《全国防沙治沙规划（2011～2020年）》的有关要求，我局决定开展国家沙漠公园建设试点工作。现有关事项通知如下：

一、充分认识国家沙漠公园建设的重要性

沙漠公园是以沙漠景观为主体，以保护荒漠生态、合理利用沙漠资源为目的，在促进防沙治沙和维护生态服务功能的基础上，开展公众游憩休闲或进行科学、文化和教育活动的特定区域。沙漠公园不仅是颇具特色的旅游产品，也是防沙治沙事业的重要组成部分，沙漠公园的建设在带动区域经济发展方面已显示出强大的潜力。以国家沙漠公园为载体，开展科普宣传教育，提高公众生态保护意识，为公众提供体验自然、享受自然的休闲场所，对改善沙区生态状况、加强生态文明建设、促进经济社会可持续发展具有十分重要的意义。通过沙漠公园的观光、考察和利用，也可以让人们体验和认识防沙治沙的成果来之不易，更加珍惜、爱护和维护生态环境，更加科学、有效和强化生态建设，增强建设和保护生态的意识。

二、国家沙漠公园建设的基本原则

为认真做好国家沙漠公园建设试点工作，科学保护与合理利用沙区资源，最大限度地展示沙漠独特的自然风光，开展科普宣传教育，提高公众生态保护意识，提升国家沙漠公园的建设和管理水平，促进国家沙漠公园科学发展，必须遵循以下原则：

（一）科学规划原则。根据当地自然资源现状和经济社会发展水平，因地制宜地统筹规划辖区内沙漠公园的发展规模、建设重点，避免盲目发展和低水平建设。

（二）保护优先原则。要充分认识荒漠生态系统的脆弱性和反复性，把保护放在首位，建立国家沙漠公园保护管理制度，对影响荒漠生态系统的各种主要人为活动进行有效管理，避免因国家沙漠公园建设对当地生态造成新的破坏。

（三）合理利用原则。处理好保护与利用、生态效益与经济效益之间的关系，实现生态、经济和社会效益的有机统一，避免对沙区资源的过度开发利用。

（四）持续发展原则。要从维护荒漠生态系统结构和功能的基本要求出发，全面保护和合理利用沙区资源，充分发挥荒漠生态系统的多种效益，促进国家沙漠公园健康可持续发展。

三、完善国家沙漠公园建设申报程序

（一）凡是申报建设国家沙漠公园的，当地林业行政主管部门要组织做好国家沙漠公园试点材料的准备工作。试点材料必须反映拟建国家沙漠公园的现状、规划及有关图片、影像资料等。

国家沙漠公园建设试点材料由省级林业行政主管部门报国家林业局。省级林业主管部门申报材料包括申请文件、试点材料，以及对规划内容的专家评审意见等。

（二）申报国家沙漠公园要具备以下基本条件：

1．所在的荒漠生态系统要具有典型性，或者位于全国防沙治沙的重要区位；

2. 国家沙漠公园面积原则上不低于200公顷，公园中沙漠面积一般应占公园总面积的60%以上；

3. 区域内水资源能够保证国家沙漠公园生态和其他用水需求；

4. 在防沙治沙的理论研究和生态学、生物学、地学等方面有较高的科学价值；

5. 自然和人文景观具有一定的丰富度、愉悦度、完整度和奇异度。

四、加强对国家沙漠公园建设工作的管理和指导

各级林业主管部门要切实加强对国家沙漠公园建设的管理，进一步提高服务质量，认真做好以下工作。

（一）认真做好沙漠公园科学合理的功能分区，要充分体现国家沙漠公园的公益性质。合理划分沙地保育区、宣教展示区、沙漠体验区、服务管理区等区域，实行分区管理，以教育、培训、科研和游憩等公益目的为主要功能。

（二）明确国家沙漠公园经营机构土地使用经营权属，区域内无土地权属争议，公园边界清晰。

（三）明确国家沙漠公园建设投资主体，谁所有、谁投资，健全运行维护制度，经营性收入按照国家有关规定使用。

（四）配备具有专业背景和技术能力的工作人员，人员的技术能力和数量应与沙漠公园工作和规模相匹配。

（五）对国家沙漠公园实行动态管理，要开展定期检查，对检查不合格的，责令限期整改；整改仍不合格的，取消其国家沙漠公园试点资格。

本通知自2013年10月1日起执行，有效期至2017年9月30日。

国家林业局

二○一三年九月六日

四、生物多样性保护

2010年，国务院下发了《国务院办公厅关于做好自然保护区管理有关工作的通知》（国办发〔2010〕63号）（以下简称《通知》），《通知》要求各级林业部门科学规划自然保护区发展；定期开展全国生物多样性状况调查和评价；加强自然保护区生物多样性基础理论、保护技术和管理政策等方面的研究；建立自然保护区植被和濒危物种分布数据库等。

2013 年，各级林业部门为贯彻执行该《通知》，加大了生物多样性的保护力度。各森林等自然资源旅游目的地通过张贴标语，安装宣传牌，加强对上山人员警示教育，并组织人员清理捕猎工具，开展物候观测，对物种进行了登记造册等途径，生物多样性得到有效保护。如北京市八达岭林场开展物候观测，为森林旅游资源合理利用和森林资源科学管理提供了可靠依据；编制了植物图谱，收集整理了 269 种植物图片，编辑成册。湖南省对公园内野生动植物资源和山水资源进行了严格保护，对国家一、二级重点保护野生动物种类进行了登记造册，对景区内的古树名木进行了摸底造册和挂牌保护。充分发挥了森林等自然资源旅游目的地对生态系统多样性、物种多样性和遗传多样性的保护作用。

第六章

产业发展

- 游客人数和产值
- 就业增收能力
- 生态教育功能

第六章　产业发展

2013 年，在党中央、国务院的高度重视和领导下，各级林业部门不懈努力，全国森林等自然资源旅游行业保持了持续健康的发展态势。截至 2013 年底，全国森林等自然资源旅游景区接待床位总数达到 160 万张，接待餐位总数超过 260 万个；全年接待游客超过 7.6 亿人次，约占 2013 年国内旅游人数的 23%，同比增长 11.8%；森林等自然资源旅游直接收入 685 亿元，同比增长 10.8%；创造社会综合产值 5200 亿元，约占 2013 年国内旅游消费的 19.8%，同比增长 18.2%；森林旅游管理和服务的人员数量超过 22 万人，其中导游和解说人员近 3 万人。森林等自然资源旅游产业促进经济发展和就业增收能力、生态教育功能持续增强。

一、游客人数和产值

（一）森林公园

1. 旅游收入

2013 年，全国森林公园旅游收入 491.11 亿元，如图 12 所示，比 2012 年增加 37.81 亿元，同比增长 8.34%。其中 779 处国家级森林公园旅游收入 381.75 亿元，浙江千岛湖、浙江竹乡、重庆小三峡、江西瑶里、贵州百里杜鹃、浙江紫微山、湖南张家界、重庆黄水、江苏虞山、四川剑门关等 56 处国家森林公园的旅游收入超亿元，全国森林公园创造的社会综合产值超 4700 亿元。2013 年全国森林公园旅游收入前 30 位名单，详见表 9。

表9　2013年全国森林公园旅游收入前30位名单

序号	森林公园名称	旅游收入（亿元）
1	浙江千岛湖国家森林公园	58.28
2	浙江竹乡国家森林公园	23.50
3	重庆小三峡国家森林公园	23.09
4	江西瑶里国家森林公园	19.23
5	贵州百里杜鹃国家森林公园	18.70
6	浙江紫微山国家森林公园	13.47
7	湖南张家界国家森林公园	10.07
8	重庆黄水国家森林公园	8.52

（续）

序号	森林公园名称	旅游收入（亿元）
9	江苏虞山国家森林公园	6.86
10	四川剑门关国家森林公园	6.12
11	四川西岭国家森林公园	5.19
12	江西明月山国家森林公园	4.85
13	江西梅岭国家森林公园	4.70
14	四川海螺沟国家森林公园	4.13
15	辽宁长山群岛国家海岛森林公园	3.60
16	吉林拉法山国家森林公园	3.51
17	黑龙江北极村国家森林公园	3.51
18	福建龙岩国家森林公园	3.20
19	浙江溪口国家森林公园	3.01
20	广东南昆山国家森林公园	2.82
21	四川华蓥山国家森林公园	2.80
22	山东泰山国家森林公园	2.76
23	山东五莲山国家森林公园	2.67
24	山西太岳山国家森林公园	2.54
25	江西三爪仑国家森林公园	2.30
26	湖南天门山国家森林公园	2.28
27	广西八角寨国家森林公园	2.23
28	山西五台山国家森林公园	2.20
28	河南嵩山国家森林公园	2.20
30	重庆金佛山国家森林公园	2.15

2013 年，森林公园旅游收入如图 12 和 13 所示，其中门票收入 89.63 亿元，比 2012 年增加 7.25 亿元，同比增长 8.80%，占全国森林公园总收入的 18.25%；食宿收入 212.30 亿元，比 2012 年增加 23.79 亿元，同比增长 12.62%，占全国森

林公园总收入的 43.23%；娱乐收入 61.59 亿元，比 2012 年增加 6.10 亿元，同比增长 10.99%，占全国森林公园总收入的 12.54%；其他收入 127.59 亿元，比 2012 年增加 0.68 亿元，同比增长 0.54%，占全国森林公园总收入的 25.98%。据不完全统计，2013 年国庆长假全国森林公园直接旅游收入达 68.05 亿元，同比增长 31.2%，是国内旅游增长率的 5 倍。2013 年国庆假期部分省（自治区、直辖市）森林公园旅游收入情况，详见表 10。

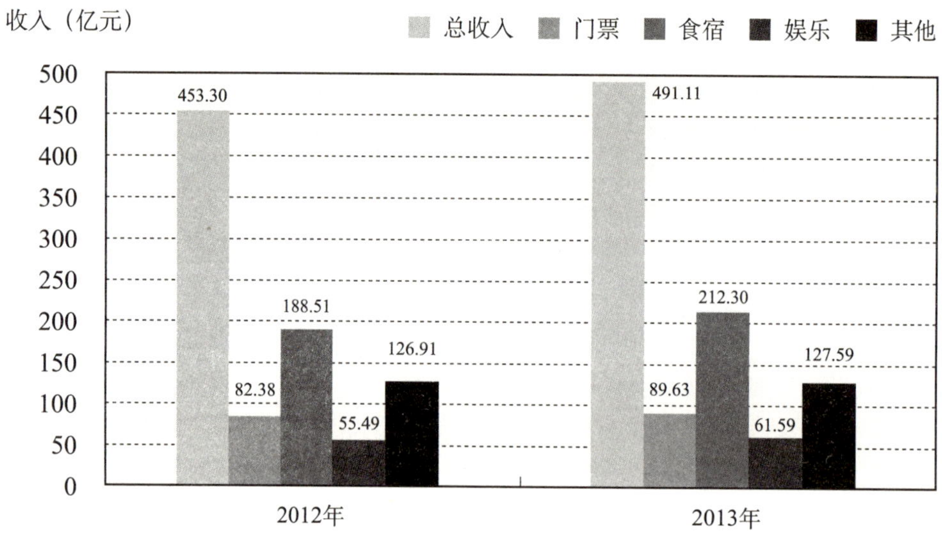

图12　2012～2013年森林公园收入情况

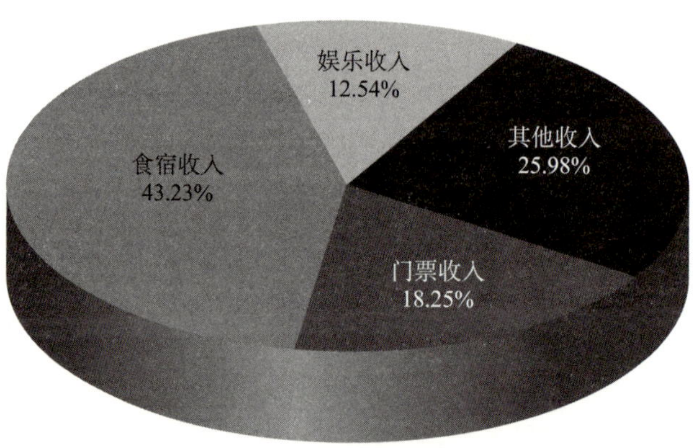

图13　2013年全国森林公园旅游收入情况

表10　2013年国庆假期部分省（自治区、直辖市）森林公园旅游统计表

地区	游客人数（万人次）	增长率	旅游收入（万元）	增长率
北京	18	13%	379	16%
河北	70		6000	
山西	128	25%	3040	26%
内蒙古	110	10%	5200	10%
辽宁	575	9%	14148	11%
吉林（含森工）	39	-15%	1641	7%
黑龙江	46	30%	1167	16%
上海	34	-20%	754	-20%
江苏	213	23%	240	
浙江	410	1%	125000	2%
安徽	228	20%	12400	12%
福建	200		32000	
江西	466	持平	49300	持平
山东	786	36%	47744	35%
河南	350	9%	7609	
湖北	255	40%	19100	52%
湖南	320	-35%	182000	-12%
广东	329	20%	14551	42%
广西	113	96%	40200	82%
海南	8		373	
重庆	249	6%	25000	8%
四川	169		34222	
贵州	149	49%	23344	29%
云南	65	3%	6977	3%
陕西	276	35%	16500	36%
甘肃	59	25%	3158	60%
新疆	37		4996	
龙江森工	20		3450	
合计	5722	5.9%	680493	31.2%

2. 游客人数

截至2013年底，全国森林公园共接待游客5.89亿人次，如图14所示，比2012年增加0.41亿人次，同比增加7.48%，占国内旅游总人数的18.1%；其中接待海外游客0.22亿人次，比2012年增加0.07亿人次，同比增加46.67%；779处国家级森林公园接待游客3.43亿人次，其中重庆南山、湖南张家界、南京紫金山、重庆小三峡、江西云碧峰、浙江竹乡、贵州凤凰山、广东圭峰山、浙江千岛湖、福建福州等82处国家森林公园，其游客接待量超过100万人次。游客

规模排在前10名的国家级森林公园中东部区域的占了一半。2013年全国森林公园游客总数前30位名单，详见表11。据不完全统计，2013年国庆长假全国森林公园共接待游客5722万人次，比2012年增长5.9%，是国内旅游增长率的8倍。2013年国庆假期部分省（自治区、直辖市）森林旅游游客人数，详见表10。

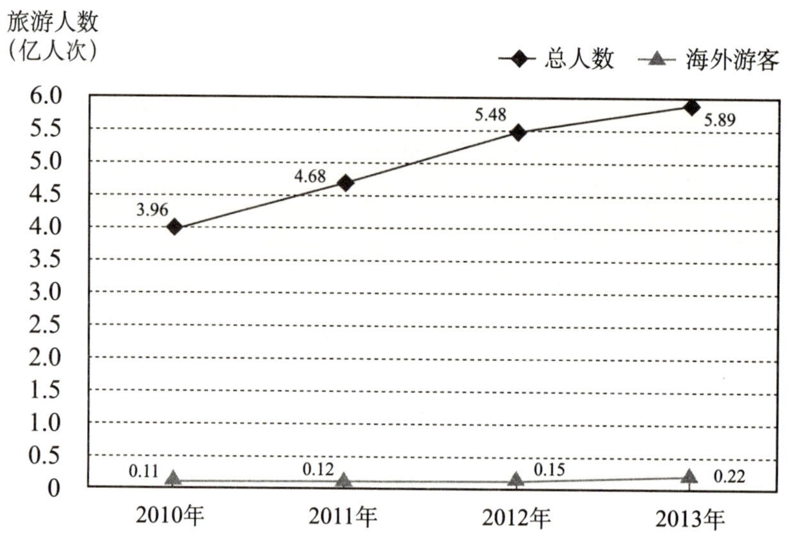

图14 2010～2013年森林公园旅游游客总数、海外游客人数变化情况

表11 2013年全国森林公园游客总数前30位名单

序号	森林公园名称	游客人数（万人次）	备注
1	重庆南山国家森林公园	1450.00	
2	湖南张家界国家森林公园	929.07	
3	南京紫金山国家森林公园	880.00	
4	重庆小三峡国家森林公园	740.00	
5	江西云碧峰国家森林公园	610.00	免票
6	浙江竹乡国家森林公园	590.00	
7	贵州凤凰山国家森林公园	550.00	免票
8	广东圭峰山国家森林公园	500.00	

（续）

序号	森林公园名称	游客人数（万人次）	备注
9	浙江千岛湖国家森林公园	482.00	
10	福建福州国家森林公园	451.00	免票
11	重庆仙女山国家森林公园	432.00	
12	山西五台山国家森林公园	425.20	
13	辽宁本溪环城国家森林公园	380.00	
14	江苏西山国家森林公园	360.00	
15	江西瑶里国家森林公园	328.80	
16	贵州百里杜鹃国家森林公园	323.95	
17	重庆黄水国家森林公园	308.00	
18	浙江紫微山国家森林公园	297.00	
19	山东泰山国家森林公园	292.80	
20	河南嵩山国家森林公园	280.00	
21	江苏虞山国家森林公园	258.00	
22	江西陡水湖国家森林公园	248.59	
23	山东崂山国家森林公园	243.00	
24	浙江溪口国家森林公园	241.00	
25	江西峰山国家森林公园	230.00	免票
26	江西梅岭国家森林公园	215.46	
27	辽宁沈阳国家森林公园	212.25	
28	湖南天门山国家森林公园	210.90	
29	上海共青国家森林公园	206.00	
30	江苏宝华山国家森林公园	204.90	

3. 旅游从业人员

截至 2013 年底，全国森林公园旅游从业人员 18.26 万人，如图 15 所示，比 2012 年增加 0.38 万人，同比增长 2.13%；其中从事管理与服务的职工达 16.49 万人，比 2012 年增加 0.45 万人，同比增长 2.81%，占全国森林公园旅游从业人员总数的 90.31%；导游人员 1.77 万人，比 2012 年减少 0.07 万人，同比减少 3.80%，占全国森林公园旅游从业人员总数的 9.69%；社会旅游从业人员 68.75 万人，比 2012 年增加 2.24 万人，同比增长 3.37%。

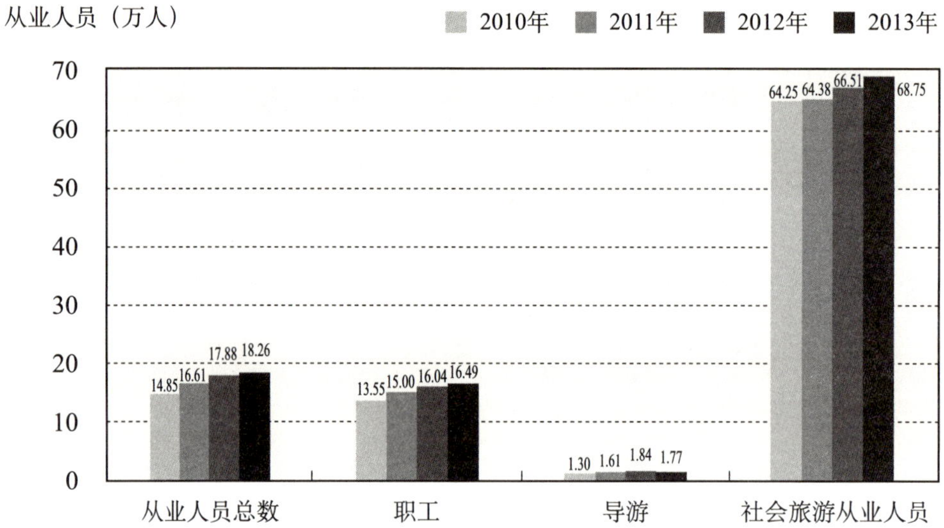

图15　2010～2013年全国森林公园旅游从业人员变化情况

4. 公益性开放

据不完全统计，2013 年全国有 1972 处森林公园向游客开放，其中 871 处森林公园免收门票，比 2012 年增加 94 处，同比增长 12.10%，享受免票服务的游客达 1.59 亿人次，比 2012 年增加 0.17 亿人次，同比增长 11.97%，占本年度游客总人数的 27%（占国家级游客总人数的 18.7%）。其中免收门票的国家级森林公园 189 处，比 2012 年增加 18 处，同比增长 10.53%，享受免票服务的游客达 6434.74 万人次，比 2012 年增加 1426.78 万人次，同比增长 28.49%。同时，山西省的全部县（市）级森林公园免票开放，日接待游客 39 万人次，比 2012 年内增加 1 万人次，直接受益人口达 2200 万，比 2012 年增加 100 万。2013 年森林公园免收门票情况，详见表 12。

表12　2013年森林公园免收门票情况

地区	免收门票的森林公园总数	其中免收门票的国家级森林公园数
北　京	8	1
河　北	8	0
山　西	13	1
内蒙古	19	5
辽　宁	16	5
吉　林	13	8
黑龙江	19	8
上　海	1	1
江　苏	27	4
浙　江	60	6
安　徽	12	7
福　建	80	12
江　西	94	19
山　东	63	5
河　南	35	2
湖　北	34	8
湖　南	52	15
广　东	53	9
广　西	25	6
海　南	1	1
重　庆	35	8
四　川	34	10
贵　州	47	10
云　南	16	10
西　藏	3	3
陕　西	19	3
甘　肃	39	2
青　海	5	3
宁　夏	4	0
新　疆	14	3
内蒙古森工	2	2
吉林森工	6	6
龙江森工	13	5
大兴安岭	1	1
合　计	871	189

（二）自然保护区

截至2013年底，全国开展旅游的林业系统自然保护区旅游收入总额达到102.93亿元，如图16所示，其中国家级自然保护区旅游收入74.83亿元，占自然保护区旅游总收入的72.70%；省级自然保护区旅游收入17.98亿元，占自然保护区旅游总收入的17.46%；地、县级及以下自然保护区旅游收入10.13亿元，占自然保护区旅游总收入的9.84%。其中景区门票收入12.90亿元，占旅游总收入的12.54%；食宿收入28.98亿元，占总收入的28.15%；其他收入61.05亿元，占旅游总收入的59.31%。全国开展旅游的林业系统自然保护区接待游客人数达5023.63万人次，其中海外游客总数120.73万人次，占总人数的2.40%。提供旅游服务的林业系统自然保护区职工总数达20892人，其中国家级自然保护区9022人，占总职工数的43.18%；省级自然保护区7157人，占总职工数的34.26%；地、县级及以下自然保护区4713人，占总职工数的22.56%。

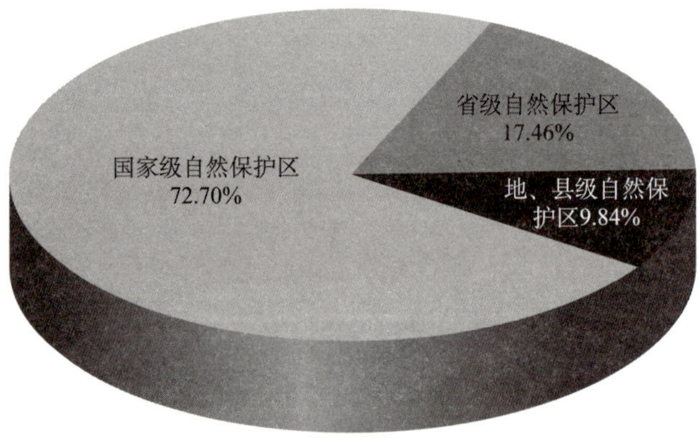

图16　2013年林业系统自然保护区旅游收入情况

（三）湿地公园

全国湿地公园旅游总收入43.72亿元，比2012年增加12.13亿元，同比增长38.40%，如图17所示，其中景区门票收入9.04亿元，占旅游总收入的20.68%，比2012年增加了2.53亿元，同比增长38.86%；食宿收入19.99亿元，占旅游总收入的45.72%，比2012年增加5.43亿元，同比增长37.29%；其他收入14.69亿元，占总收入的33.60%，比2012年增加4.17亿元，同比增长39.64%。游客总人数达1054万人次，其中海外游客人数330万人次，占总人数的31.31%。景区职工总数达16130人，其中正式职工10378人，占总职工人数的64.34%，临时职工人数达5752人，占职工总数的35.66%。

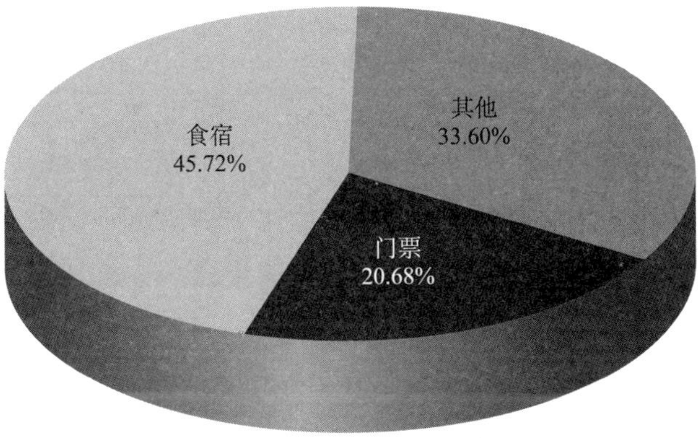

图17 2013年湿地公园旅游收入情况

（四）其他

沙漠景观旅游区、植物园、野生动物园、林业生态观光园、狩猎场和生态文明教育基地等产业发展均取得了一定成绩。以国家花木专类园建设经营情况为例，洛阳国家牡丹园、鄢陵国家花木博览园、邳州国家银杏博览园和江苏泰兴国家古银杏公园共接待游客765.1万人次，综合收入达4.6亿元。

二、就业增收能力

10家“全国森林旅游示范区”试点单位的经济效益明显提高，拓宽了林农的就业增收渠道。大部分森林等自然资源旅游景区都地处偏远，地方经济欠发达，林农收入水平低。森林等自然资源旅游在发展山区经济、促进民生改善中具有天然的地缘优势，通过把资源优势转化为经济优势，许多偏僻地区成了远近闻名的旅游胜地，当地百姓依托旅游业走上了致富路，如千岛湖、大别山、吴家山、柴埠溪、飞来寺等国家级森林公园都在地方经济发展中扮演了十分重要的角色。2013年，大别山、吴家山国家森林公园兴建设农家乐项目，使每户林农增收3万余元，通过餐饮、住宿、林特产品特卖共带动社会人员千余人就业；在柴埠溪国家森林公园，通过从事森林旅游业，平均为当地每户林农增收5000余元；飞来寺国家森林公园接待游客10多万人次，实现旅游总收入578万元，为飞来寺村民小组带来煨桑收入158万元。据不完全统计，我国森林公园发展已经使3000多个乡、1.5万多个村、近3000万农民受益，直接吸纳60多万个农村人口就业。

三、生态教育功能

（一）加大生态文明教育基地建设力度

2013年，国家林业局、教育部、共青团授予辽宁省辽河湿地省级森林公园、浙江省杭州半山国家森林公园、浙江省江山市廿八都镇南方红豆杉群保护区、山东省黄河三角洲国家级自然保护区、河南省三门峡甘山国家森林公园、湖北省九峰国家森林公园、湖南省东洞庭湖国家级自然保护区、四川省凉山州西昌市邛海湿地公园、贵州省兴义市万峰林风景区、云南省西双版纳国家级自然保护区、陕西省化龙山国家级自然保护区、黑龙江省呼中国家级自然保护区等单位“国家生态文明教育基地”称号，以充分发挥窗口单位的辐射带动作用和先行示范作用，进一步推动各地“国家生态文明教育基地”创建工作的开展。

（二）充分挖掘生态文化建设内涵

2013 年，为充分挖掘森林等自然资源旅游的生态文化内涵，各级林业部门进一步加强了森林等自然资源旅游景区生态文化建设力度，通过不断完善森林博物馆、标本馆、游客中心、解说步道、科普长廊、宣传和解说标识标牌等生态文化基础设施建设，充分发挥生态文化基础设施的功能和作用；举办以生态教育和科普教育等为主题的各种形式文化旅游活动；加强对游客、未成年人的生态道德教育和自然科普教育；加强基础研究，设立生态科普和生态道德教育基地等方式，全面提升了森林等自然资源旅游的生态服务能力，生态教育功能得到增强。

广东省流溪河国家森林公园按新的旅游标识规范，对公园内的 500 多个解说牌、标识指示牌进行了翻新改造，使各项标识牌进一步美化、规范化，从而加强宣传教育力度，提升公园形象。河北驼梁山国家森林公园实施“2013 森林科普进万家”的宣传活动，全年科普受众人次已达 43000 余人次，科学普及社会效益明显。

湖南省岳阳五尖山国家森林公园以“国家生态文明教育基地”为卖点，以“藏文于山”为主题，相继举办了“生态文明杯”大赛、“廉洁文化书画笔会”、“重阳登高节—快乐低碳行”等一系列弘扬生态文化活动。山东省举办“森林旅游节”、“槐花节”、“桃花节”、“采摘节”等各类生态文化节庆活动，许多森林公园已经成为大中小学生的科普基地、夏（冬）令营基地、实习基地、爱国主义教育基地，成为科研人员的实验基地和广大艺术爱好者的创作基地。

河北雾灵山省级森林公园充分发挥生态博物馆和生态讲解员作用，普及生态知识，增强生态意识，繁荣生态文化，树立生态道德，弘扬生态文明，倡导人与自然和谐发展，接受科普教育游客达 20 余万人。

湖南省林业厅重点建设了湖南生态文化示范园——青羊湖国家森林公园，充分发挥森林公园独特的湖光山色和远古文化、丰富的人文积淀和民族风情特色优势，着力打造以“低碳生活示范体验区”和“生态休闲精品工程”为主要内容，集宣传、教育、娱乐、休闲、旅游、产业功能于一体的“湖南青羊湖生态文化示范园”。广西科学技术协会授予广西大容山国家森林公园和广西山口国家级红树林生态自然保护区“广西科普教育基地”荣誉称号。

第七章

示范建设

第七章　示范建设

2013 年，全国森林旅游示范区试点单位高度重视，奋发努力，并在工作中不断摸索，不断创新，积极总结，及时改进，勇于实践，取得了大量有益的实验成果，大力推动了全国森林旅游示范区试点工作进展，为进一步推动全国森林旅游示范区建设积累了宝贵经验，奠定了坚实基础。同时，部分省（自治区、直辖市）也积极推动森林旅游示范工作，并取得了一定成效。

一、全国森林旅游示范区试点建设

（一）主要做法

2013 年，各试点单位扎实推进各项试点工作，从资源保护、发展规划、人员培训、宣传营销等方面不断发展创新，取得了一定成效，主要做法包括：

1. 明确思路，高度重视

各试点单位在积极开展森林旅游试点建设工作中具有明晰的工作思路。湖南省张家界国家森林公园以全面建设示范性国家森林公园为总目标，按照国家发展森林旅游、建设生态文明、推动社会经济发展，实现人与自然和谐共处的总体要求，以保护生态环境为前提，以森林资源为依托，充分发挥森林旅游产业的优势，不断提升森林旅游管理服务水平。

湖北神农架国家级自然保护区立足保护，依托科技，丰富产品体验，延伸产业链条，发展森林旅游，建设生态文明，探索森林旅游和资源保护的双赢模式，扎实推进森林旅游示范区建设工作。重庆市武隆县以旅游国际化、设施标准化、服务规范化、产品差异化、营销品牌化、管理组织化为要求，坚持绿色引导，着力突出精品景区、旅游服务、旅游文化、乡村旅游示范建设，重点打造“一公园、两景区、三中心、四节点”九大示范品牌。可见，各试点单位都有明确的发展思路，为全国森林旅游发展探索出路、总结经验、做出示范，推动全国森林旅游健康持续、又好又快的发展。

森林旅游试点工作得到各试点单位的高度重视。福建省浦城县富岭镇双同村得到了县委、县政府的高度重视和省、市主管部门的大力支持，在蒲城县林业局、旅游局、富岭镇政府和双桐村的共同努力下，在创建最佳生态环境的过程中取得了很大成绩。黑龙江伊春市委、市政府高度重视森林旅游的发展，全市把森林生态旅游业作为全市“三大引擎”产业之一重点培育，并通过打造精品景区，优化产品结构，强化市场促销，完善基础设施，提高服务质量，有力地推动了森林旅游示范区试点工作的进展。

专栏7 重庆市武隆县“一公园、两景区、三中心、四节点”

一公园：进一步拓展仙女山国家森林公园的休闲度假功能，建成全国优秀的休闲旅游胜地。

两景区：加快天生三桥精品景区建设，着力打造“具有世界震撼力”的森林旅游品牌；推进芙蓉江、芙蓉洞景区提档升级，把水上喀斯特森林打造为全国森林旅游知名品牌。

三中心：把仙女山镇建设成为“四季鲜花灿烂、森林植被茂密、路灯灯饰迷人、规划设计合理、建筑独具特色、休闲功能完善、管理科学有序、小镇和谐文明”的森林旅游集散中心；把仙女山片区建成以“印象•武隆”、户外体育运动为核心内容的森林旅游文化中心；加快推进国家园林县城建设，把县城打造为精品旅游小城。

四节点：大力发展精品乡村森林旅游，打造仙女山、白马山、芙蓉湖、木棕河四大乡村旅游示范片区，带动一方群众致富。

2. 科学编制发展规划

各试点单位根据所在区域特色，选择具有高水准的规划设计单位编制总体规划，力争以科学的规划布局指导森林旅游产业发展。重庆市武隆县，完成了《武隆县旅游产业发展总体规划》、《武隆县乡村旅游发展总体规划暨中国武隆喀斯特美丽乡村公园规划（2013 ~ 2020 年）》、《武隆白马山旅游发展总体规划（2013 ~ 2025 年）》文本以及《芙蓉湖综合开发项目》概念性规划的编制工作。湖北神农架国家级自然保护区编制武汉对口支援神农架、北京对口支援神农架规划、保护区十二五规划，完成神农架官门山景区开发续建项目文本的编制，推进天燕景区环评工作，完成炎帝神农文化交流中心项目建议书的编写。江西省靖安县宝峰镇毗炉村制定了森林旅游发展规划，明确了今后 5 年森林旅游发展重点项目建设任务：通过招商引资将与洪屏电站项目方共同开发洪屏水库水上娱乐项目，建立集水上运动、消暑冲浪、休闲度假为一体的综合旅游项目；建设以森林观光小火车为主的森林旅游开发项目；整合资源优势，将毗炉村打造成一个全国知名的生态旅游小镇；合理利用森林景观资源。

3. 强化培训和监管

各试点单位通过开展森林等自然资源旅游行业教育培训、实施旅游行业监督管理、增强旅游产业执法检查力度等多种途径，强化了森林旅游行业监管力度和人员素质建设力度。

黑龙江伊春市采取院企联动、社会化运作方式，举办了导游员、讲解员、旅行社经理、宾馆饭店服务人员等各级各类培训班30多期，培训人员2000多人次；先后组织举办了5次“旅游大讲堂”活动，邀请10名来自北京、哈尔滨等地旅游专家为全市旅游干部及相关从业人员进行了《中华人民共和国旅游法》、旅游产品设计、市场营销、度假旅游开发等方面知识的培训。开发了旅游团队服务网络管理系统，统一了旅游行程单，有效遏制了“黑社”、“黑导”等违法经营行为；建立了旅行社档案，对服务质量标准和服务行为规范进行指导。多次联合安监、质监、消防等部门对旅行社、景区、星级饭店等旅游企业监督检查，责令整改旅游合同、旅行社责任险、旅游安全等存在问题和违规行为；旅游旺季、节假日还增设了24小时旅游投诉值班电话，并派驻执法人员深入到五营、汤旺河、嘉荫等重点旅游景区现场受理投诉，及时给予协调解决，维护了旅游者的合法权益和伊春旅游形象。

重庆市武隆县全年组织开展旅游知识、旅游服务技能、礼仪等培训活动14期，共计培训旅游从业人员3500余人次。完成旅行社及门市部年检，对旅行社质量保证金及旅行社责任险进行了检查。组织开展了全国导游资格考试和全国中、高级导游员等级考试工作。以开展旅游执法检查周为载体，狠抓执法检查工作，联合公安、物价、卫生、工商、质监等职能部门协调联动，坚持集中整治和日常监管相结合，重点整治与全面规范相结合，狠抓旅游市场秩序综合整治，做到常抓不懈，标本兼治。重点打击了非法甩团、“黑社”、“黑导”、“黑车”等违规经营行为，保障游客合法权益。2013年以来，武隆县共计开展旅游集中执法16次，检查景区108次，星级饭店176家次，旅行社及门市部78家次。受理和现场调解旅游投诉80余起。

4. 创新农村社会管理

湖南张家界国家森林公园全面开展农村经济发展指导，建立了处级领导包组、科级干部包户的工作机制，把51个单位分成18个小组，对1505户村民逐户进行宣传、走访，帮助村民解决实际困难和问题，增加普惠制资金投入，全年发放各项惠农资金近1000万元，统筹缴纳了村居民参合费用，发放了世居户、优抚对象的生活补助和补贴，扶持集体经济发展，推进张家界村景村一体化建设项目，正在优化规划文本设计，支持张家界、锣鼓塔村（居）委会发展壮大家庭旅馆，现已发展到27家，每户年收入超过2万元。

重庆市武隆县以增强旅游富民为目标，出台了涉旅农户扶持补贴政策，对参与乡村旅游接待的农户进行接地条件升级改造，针对小型、微型旅游企业落实了相关税收优惠政策。

5. 不断优化环境

湖南张家界国家森林公园严厉查处了景区内乱开、乱挖、乱占、乱建等破坏自然遗产行为8起，从而有效地保护地质景观资源；加大森林防火基础设施建设，增加防火视频监控点5个，新建了麻田垭、马公亭、袁家界三个防火瞭望塔，加强动植物资源的保护；为从严保护水资源，编写了《张家界国家森林公园水资源规划》，开工建设锣鼓塔污水处理厂综合提质改造及污水管网配套（一期）工程，实现公园锣鼓塔区域污水收集率100%，完成了卸甲峪水库及猴儿洞水库除险加固和清淤扩容；加大保护空气资源力度，继续实行固体垃圾清运下山，每年约清运垃圾近6000吨；加大入园车辆管控力度，加强入园车辆尾气排放专项治理。

重庆武隆县加强旅游环境综合整治，围绕巩固5A景区创建成果，在武仙路和巷江路对落地广告牌和乱推乱放进行了集中清理；开展了黄柏渡漂流景区的整治行动，有效维护景区秩序；组织开展天生三桥景区、仙女山景区和龙水峡地缝景区内的游摊游贩的集中整顿。

6. 加大投资力度，完善基础服务设施建设

各试点单位加大森林旅游景区基础设施的建设投入力度，不断完善森林旅游景区的服务功能，夯实森林旅游发展基础。

福建省浦城县富岭镇双桐村通过积极努力，多方协调，争取上级林相改造项目资金100万元，绿化、美化项目资金100万元，自筹资金50万元，用于公园生态停车场的建设，部分景点的修建，森林公园部分宾馆装修，村庄道路的修整、绿化，匡山公园公路的绿化、美化、香化、彩化等。

湖南张家界国家森林公园先后投入2000多万元用于生态建设，完成了袁家界景区游道整修；加高、加固了金鞭溪景区的防护缆绳；制定了详细的黄石寨游步道新建提质改造方案，启动了锣鼓塔生态停车场建设，并争取到国家资金1000万元。

内蒙古阿尔山国家森林公园环保客车及基础设施建设项目投资1493.51万元，视频监控系统建设项目投资3400万元，公园标识系统工程项目投资297万元，公园干线桥梁项目投资762.07万元；完成了玫瑰峰观景广场、停车场围栏和杜鹃湖钢木结构观景平台建设；完成了兴安办公楼院内车库及地面的建设；同时，对景区内老化、破损的基础设施进行了维修和改造。

湖北神农架国家级自然保护区开展战略投资。投资850万元，参股峡平湖旅游船公司；投资152.5万元，参股林区送朗山旅游公司；投资15万元，参股神农峰文化传播公司；投资210万元，参股湖北神旅天下传媒有限公司；投资400万元与林业管理局合作注册湖北神农尝百草生物研发有限公司，开发泛太和山旅游资源。

7. 加强宣传推介力度

各试点单位通过利用传统媒体和新媒体、举办旅游节庆活动、参加境内外交易会、优化旅游宣传品的制作、策划精品旅游路线等多种方式，不断加强森林旅游宣传促销力度，进一步提升森林旅游品牌的影响力。

（1）利用传统媒体进行宣传推介。2013年10月，湖南张家界森林公园积极邀请中央电视台新闻频道在黄石寨景区进行了“直通景区”连线，直播了“十一”黄金周旅游接待情况，展现了公园的良好形象。重庆市武隆县武隆旅游形象宣传继续保持强势出击势头，继续在中央电视台综合、中央电视台中文国际、重庆卫视、旅游等频道投放武隆旅游形象宣传广告，中央电视台科教频道专题播放了《武隆巨坑》专题片，新闻频道在国庆黄金周期间将武隆天生三桥纳入中国美丽景区进行直播。黑龙江伊春市分别在天津、哈尔滨、北京南苑机场、南航往返哈尔滨的飞机小桌板和天津电视台、《新京报》、《南航画报》进行了伊春旅游产品宣传。湖北神农架国家级自然保护区与美国动物星球频道及美国国家地理、中央电视台等合作拍摄《中国金丝猴》、《神农架中华蜂蜜》、《城市一对一》等8部专题片。在神农架电视台开辟“美丽神农架”旅游栏目。

（2）利用新媒体进行宣传推广。湖北神农架旅游网上线，建立电子导航系统，完成商旅平台改版，设立人工呼叫中心，与同程网、途牛网、驴妈妈旅游网等签订网络直销协议，实行网上售票，注册“神农架·神”、“中国—神农架”等官方微博，在客源地旅游网站开展“跟帖万句、发帖千条”网络推广活动，官方微博粉丝达46810个，“神农架旅游在线”微博粉丝达13000万。黑龙江伊春市利用央视网直播华夏、伊春旅游网、微博、微信等新媒体宣传景区、旅游线路。

（3）通过参加、举办旅游节庆活动提高知名度。黑龙江伊春市组织参加了黑龙江省“最美景区”评选活动，五营国家森林公园、汤旺河林海奇石风景区、嘉荫茅兰沟森林公园入选全省“最美景区”，汤旺河林海奇石风景区荣获“龙江十景”称号；与华润啤酒公司推出了“自然之美”系列啤酒产品，宣传展示伊春旅游景区。内蒙古阿尔山森林公园策划了“万人走进阿尔山国家森林公园”、“林区人游林区、兴安人游兴安”，等多项主题营销活动；成功举办了“美丽大兴安，神奇阿尔山”摄影大赛、“呀诺达”杯中国优秀景区摄影大赛优秀作品巡展、林区“大美兴安”摄影展、“内蒙古大兴安岭金秋摄影节”、参与协办了“中国阿尔山首届冰雪摄影大展暨第三届中俄蒙国际摄影节”等多项文化活动，提升了景区的影响力和知名度。

（4）参加境内外交易会。重庆市武隆县积极组织参加国内外各类旅游宣传促销活动，全年组团参加了2013年国内旅交会、第十六届海峡两岸旅游联谊会、海洋旅游年港澳地区旅游推介会、第三届西旅会、韩国泰国旅游推介会、北美“长江精品旅游线路”宣传推广活动、北方旅游交易会、重庆城际旅游交易会等13次大型会展活动，有力地宣传推介了武隆旅游，扩大了客源市场。

（5）优化旅游宣传品的制作。各试点单位在宣传品设计制作等方面充分考虑视觉、听觉等的完美结合，充分运用高科技手段，激发游客的旅游热情。黑龙江伊春市在台湾东森亚洲新闻台、香港《U Travel》杂志宣传伊春旅游产品，策划设计了伊春旅游形象标识；重庆市武隆县设计制作的新版《武隆旅游》画册和宣传折页，图片更加精美，内容也更加充实，要素更加齐全，在展示旅游特色、激发旅游激情方面的效果更加明显，并在各种宣传活动中应用推广。

（6）策划精品旅游路线。重庆市武隆县编制境内各景点旅游线，推出一日游、二日游、三日游等旅游线路，11 条线路纳入全市推荐线路，“天生三桥，印象武隆——地心之旅”被评为全市 12 条精品旅游线路之一；加强区域全面合作，与长江三峡、张家界强强联合，推出“张家界—武隆双遗产游”、“壮美长江三峡—世界自然遗产武隆”等跨区域精品旅游线路。

（二）主要成绩

2013 年，在各试点单位的共同努力下，全国森林旅游示范区试点工作成效突出，主要体现在以下几个方面。

1. 森林旅游产业得到长足发展，经济效益进一步提高

通过森林旅游示范区的试点建设，大大提高了各试点单位森林旅游的发展速度和水平，森林旅游产业规模在不断壮大，游客规模、旅游收入都获得快速增长。2013 年，重庆市武隆县全年累计接待游客 1749.52 万人次，同比增长 8.66%；其中，森林公园接待游客 110 万人次，旅游收入 1.65 亿元；乡村旅游接待人次达到 256.9 万次，接待收入 3.05 亿元，同比增长 28.45% 和 29.84%；“印象·武隆”自 2013 年 3 月 8 日对外公演以来，共计演出 312 场，售票 419817 张，门票收入突破 4848 万元。黑龙江伊春市全市全年共接待游客 583 万人次，实现旅游收入 49 亿元，同比分别增长 7.5% 和 12.5%。福建省浦城县富岭镇双同村接待游客 6 万人次，实现经营收入 312 万元。内蒙古阿尔山国家森林公园接待国内外游客 50 万人次，比上年增长了 63.9%，实现营业收入 4104 万元，比上年增长了 36%，实现利润 503 万元。江苏省姜堰溱湖国家湿地公园共接待游客 146.91 万人次，实现旅游直接收入 1.73 亿元，与去年同期基本持平。

2. 森林旅游产业为当地农民开辟了一条致富之路

2013 年，各试点单位在发展森林旅游过程中高度重视与社区共赢发展的问题，探索森林旅游和资源保护等双赢模式，实现富民兴区，把实现兴林富民作为自己的重要使命来运筹。

湖南省张家界国家森林公园以“共享森林旅游发展成果”为目标，按照景村同步的发展战略，指导农村科学编制经济发展规划，树立公司化经营理念，壮大了农村集体经济，全年公园农村经济收入达 3800 万元，同比增长 10%，农民收入达 11500 元，同比增长 5%。受到了上级部门的高度肯定，被列为全市社会管理创新试点单位。

重庆市武隆县全县农民通过开设农家乐、餐饮店、土特产店、名特产品加工作坊等方式进行自主创业的达到 5000 余户，每年创造的产值近 20 亿元，为贫困人口提供就业岗位达到 2.5 万人，增加收入达到 8 亿元以上；同时，旅游接

待企业、旅游商品开发企业、旅游项目建设企业等各类涉旅企业每年带动就业的农民超过8万人次，帮助农民实现增收达10亿元以上。

3. 森林旅游服务质量得到明显改善

通过森林旅游示范区试点工作的逐步开展，各试点不断摸索、勇于实践、总结经验，森林旅游服务质量得到明显改善。

内蒙古阿尔山国家级森林公园编制了《员工手册》，修订和完善了《员工岗位服务规范》，制定了各岗位文明服务礼貌用语、服务忌语，规范了员工岗位服务工作流程，大大提高了广大员工的服务质量；进一步完善了咨询服务、投诉受理功能，设立了咨询服务、投诉电话和服务台，及时为游客提供相关旅游咨询服务、受理各类投诉，主动接受广大游客和群众的监督，有效提升了游客对景区的满意度，树立了景区的良好形象；在服务窗口单位和服务岗位组织开展了“优质服务百日行动”活动，聘请了景区社会监督员，充分调动了各单位和广大员工加强内部管理、改善服务质量的自觉性，并涌现出一大批拾金不昧、助人为乐、爱岗位敬业的先进典型，有效地促进了景区管理水平和服务质量的不断提升。

湖南张家界国家森林公园推行国际质量、环境和安全卫生三位一体的国际管理标准体系，完善管理、服务、安全、环境保护等各类规章制度，健全考核奖惩、旅游咨询、应急救助、投诉处理、员工激励等机制，树立了“国际一流景区、国际一流管理、国际一流服务”的新形象。

黑龙江伊春市旅游交通网络得到明显改善，哈尔滨至伊春高速公路已正式通车，伊春林都机场相继开通了北京、上海、广州、山东、大连、哈尔滨等城市的航线；围绕“小兴安岭风景观光道”建设了铁力—伊春—嘉荫、伊春—南岔等高等级公路，通往主要景区的公路及景区内部公路体系基本建设完成。住宿接待设施建设得到完善，深圳振华集团、哈尔滨宏盛集团等分别在伊春市投资兴建五星级宾馆；对宏都、绿海等酒店进行了改造升级；推进了如家酒店、高山宾馆等经济型酒店建设及景区别墅、家庭旅馆等体验型住宿设施建设，进一步提高了伊春市接待能力。旅游集散建设得到加强，为了满足散客旅游市场的需求，在伊春市中心城区建立了伊春市旅游集散中心和伊春市游客咨询服务中心，为自助游游客提供信息咨询、集散换乘、客房预订、票务预订及用车租赁等综合服务。

4. 森林旅游产业发展要素不断丰富，后续发展潜力巨大

2013年，各试点单位加大投入力度，不断完善森林旅游发展要素，为后续发展奠定了良好的基础。

湖南张家界国家森林公园为加快森林旅游产品的开发，建设了金鞭溪生态文化长廊，陆续推出了森林文化、科普游、健身游、探险和寻幽特色游，增强了森林旅游的魅力。

江西省靖安县宝峰镇毗炉村先后开发了凤凰坡滑草、清水湾滑水、盘龙湖摩托艇、神仙谷漂流、野战娱乐中心，农家乐餐馆等项目。

黑龙江伊春市积极开发了桃山雪地温泉森林度假旅游区、伊春汽车风情小镇、中国伊春日月峡水伊方梦幻乐园等新项目，推进冬季旅游开发，四季旅游日趋均衡发展；重点打造了梅花河圣诞树、亚欧龙城堡冰雪乐园、“林海人家”民俗产品；策划了冰雪艺术作品大赛、国际冰雪嘉年华、冬季摄影大赛、国际六强国际女子冰壶赛、汤旺河国家公园龙舟赛、龙广自驾游进伊春等丰富多彩的 15 项活动。

湖北神农架自然保护区按照“主题化、精品化、个性化、常态化”思路，制定四个季度主题，28 个单项的全年旅游节会活动策划方案；牵头组织、实施“春花浪漫神农架”和“清凉世界神农架”两大生态旅游主题活动，开展第九届滑雪节活动。

二、地方森林旅游示范工作

2013 年 10 月，安徽省森林旅游工作领导小组依照《安徽省森林旅游示范景区评定办法》中关于森林旅游示范景区评定标准的要求组织开展了森林旅游示范景区评选工作。评选森林旅游示范景区有利于带动全省森林旅游发展。

江西省以“森林庄园”品牌创建为主题，进一步加快森林旅游景区示范点建设。2013 年以柘林湖国家森林公园为试点，着力打造了“西海森林庄园”森林旅游品牌，“西海森林庄园”年度已接待游客近万人，初步形成了示范亮点。

云南省为推进示范建设，编制完成《云南省森林旅游示范县标准》、《云南省森林旅游示范景区标准》、《云南省森林旅游示范村标准》三项地方标准，准备出台《云南省森林旅游示范景区评定管理办法》、《云南省森林旅游示范村评定管理办法》。

此外，江苏省开展了全省森林旅游示范区评定工作；湖北省树立全省森林旅游发展示范典型，确立神农架、黄冈和恩施地区为首批森林旅游发展支持对象；广东省组织开展创建《广东省森林生态旅游示范基地》活动，创建了一批森林生态旅游示范基地；广西壮族自治区启动了第二批 15 家广西“森林人家”旅游品牌建设试点工作。

第八章

宣传推介

- 专用标志
- 大型公益活动
- 节庆活动
- 影视片制作
- 森林旅游网络平台

第八章　宣传推介

2013 年，为加大森林等自然资源旅游宣传力度，打造优秀森林等自然资源旅游品牌，从中央到地方、从行业到社会纷纷加大了对森林等自然资源旅游的宣传推介力度，主要通过规范森林旅游、国家级森林公园专用标志的使用，举办森林旅游系列推选活动和“美丽中国·湿地行”大型公益活动，举办森林等自然资源旅游节庆活动，拍摄森林等自然资源相关电视片、影片、宣传片及专题片，完善森林旅游网络平台建设等方式进行宣传推介，森林等自然资源旅游的社会影响力得到明显提升，已成为公众出游的一个重要选择。

一、专用标志

2013 年 1 月，国家林业局森林公园管理办公室审议通过了中国森林旅游专用标志的设计方案，并签报局领导同意。

2013 年 7 月，国家林业局公布第五批获得中国国家森林公园专用标志使用授权的国家级森林公园名单，同意授权山西太行大峡谷、黑龙江长寿山、安徽万佛山、福建将乐天阶山、河南郁山等 49 处国家级森林公园使用中国国家森林公园专用标志（参见附录五）。并要求各省级林业主管部门要认真履行职责，切实督促此次授权使用中国国家森林公园专用标志的国家级森林公园，严格贯彻执行《中国国家森林公园专用标志使用暂行办法》，确保中国国家森林公园专用标志的规范使用。至此，获得中国国家森林公园专用标志使用授权的国家级森林公园达 623 处。

二、大型公益活动

（一）开展2013年全国森林旅游系列推选活动

2013 年 5 月，国家林业局下发《关于开展 2013 年全国森林旅游系列推选活动的通知》，要求各级森林旅游景区积极组织参与“2013 年全国森林旅游系列推选活动”。活动期间，国家林业局共收到 31 个省（自治区、直辖市）、4 个森工集团上报的最美森林旅游景区推选材料 139 个；最具潜力森林旅游景区推选材料 205 个；最具特色森林旅游精品景区推选材料 107 个；全国森林旅游精品线路 92 条。

2013 年 9 月，国家林业局启动了“2013 年江苏大阳山杯最美森林旅游景区系列评选活动”，在中国森林旅游网、网易、中国林业网等网络平台开辟“2013 年中国森林旅游最美景区系列评选活动”专题栏目，吸引广大民众参与中国最美森林旅游景区、最佳秋色观赏地、最佳山地花卉观赏地、最佳野生鸟类观赏地、最佳温泉度假地的评选。活动投票时间一个月，网页总浏览量超过 6000 万次，总投票数近 400 万票。2013 年 11 月，根据网络投票结果，国家林业局公布了 100 家“2013 年最具网络人气最美森林旅游景区”（参见附录六）、10 处“2013 年最佳秋色观赏地”（参见附录七）、10 处“2013 年最佳山地花卉观赏地”（参见附录八）、10 处“2013 年最佳野生鸟类观赏地”（参见附录九）、10 处“2013 年最佳温泉度假地”（参见附录十）。本次活动推出了一批深受公众喜爱的森林旅游景区和特色旅游目的地，打造了一批著名的森林旅游品牌，扩大了森林旅游影响力，推进森林旅游大发展。

专栏8 森林公园管理办公室关于开展2013年全国森林旅游系列推选活动的通知

林园旅字〔2013〕3号

各省、自治区、直辖市林业厅（局），内蒙古、吉林、龙江、大兴安岭森工（林业）集团公司森林旅游主管处室：

为深入贯彻落实全国森林旅游工作会议精神，进一步发挥森林旅游在展示美丽中国、传播生态文明中的重要作用，我办决定在2013年集中开展森林旅游系列推选活动。现将有关事项通知如下：

一、充分认识开展本次推选活动的重要性

森林旅游是新兴的林业朝阳产业、绿色产业和富民产业，在过去的30年中，我国森林旅游业发展取得了很大成绩，已成为我国生态林业、民生林业建设的主要组成部分。2012年，全国森林旅游人数达6.8亿人次，创造社会综合产值4400亿元。森林旅游在满足国民精神文化需求、转变经济发展方式、加快区域经济发展、促进林业就业增收、推动生态文化传播等方面发挥了越来越重要的作用。尽管如此，我国的森林旅游业依然处于较低的发展水平，森林旅游的社会影响力不足，品牌建设严重滞后，全社会关注、支持森林旅游发展的氛围还没有充分形成，森林旅游在展示美丽中国、传播生态文明、促进绿色增长中的巨大潜力还远远没有发挥出来。开展本次系列推选活动，是实施森林旅游品牌战略的重要组成部分，是扩大森林旅游影响力的重要手段，它对于推进森林旅游的大发展、大繁荣具有十分重要的意义。各省（自治区、直辖市）林业厅（局）务必高度重视，积极营造氛围，精心组织推选，确保本次活动的顺利进行。

二、本次活动的推选内容

1．推选中国最美森林旅游景区；

2．推选中国最具潜力森林旅游景区；

3．推选特色精品森林旅游目的地（最佳秋色观赏地、最佳山地花卉观赏地、最佳野生鸟类观赏地、最佳温泉度假地）；

4．推选中国森林旅游精品路线。

三、推选森林旅游景区的范围

纳入该活动范围的森林旅游景区包括所有按规定程序设立，并由林业部门实施行业管理的各类、各级景区，重点森林公园、湿地公园、林业自然保护区、沙漠旅游区等。

四、推选方式

由各省（自治区、直辖市）林业厅（局）负责推选组织相关材料，经汇总排序后统一行文报我办。有关每项活动内容的具体要求见附件1。

各省（自治区、直辖市）推选的最美森林旅游景区、最具潜力森林旅游景区数量原则上不得超过规定限额。推选的4类特色精品森林旅游目的地数量根据实际情况而定。

五、遴选、认定及推介方式

我办将对各省（自治区、直辖市）推选材料进行汇总和初步遴选，必要时，根据每项活动内容的特点组织专家论证、网络投票及实地调研等，计划最终确定一定数量的中国最美森林旅游景区、最具潜力森林旅游景区、森林旅游精品路线以及最佳秋色观赏地、最佳山地花卉观赏地、最佳鸟类观赏地、最佳温泉度假地等，并通过大型推介会等形式进行推荐，加大宣传。

六、几点要求

1．在推选工作中，各省（自治区、直辖市）林业厅（局）需统筹兼顾森林公园、湿地公园、林业自然保护区等不同类型景区的发展情况。

2．要做好全面调查和比选，严格按要求择优推荐。

3．要保证材料质量，材料报送时间截至2013年7月31日。

特此通知。

国家林业局森林公园管理办公室

二〇一三年四月三日

（二）举办“美丽中国·湿地行”大型公益活动

2013 年 5 月，国家林业局、中央电视台在北京启动了“美丽中国·湿地行”大型公益活动，活动主要内容包括启动仪式、“魅力湿地”的征集推选、纪录片展播、颁奖典礼等。其中，中央电视台中文国际频道制作播出了50集大型系列片《走遍中国·湿地行》和10集纪录片《魅力湿地》，集中展示全国各地湿地的风采；中央电视台综合频道、新闻频道、中文国际频道在《新闻联播》、《新闻直播间》、《中国新闻》等栏目报道记者寻找发现的魅力湿地典型；中央1套在黄金时段播出了"美丽中国·魅力湿地"的颁奖晚会，成为展示中国生态文明建设的一大亮点；通过寻找中国大地上最具代表性、典型性的湿地，表现了不同类型湿地的秀美与神奇。"美丽中国·湿地行"活动的成功举办，展现我国在湿地保护领域所取得的巨大成就，探索湿地保护的先进经验，从而唤起公众珍爱湿地、守护湿地的意识，以切实有效的行动让"地球之肾"健康成长。

三、节庆活动

2013年，全国各省（自治区、直辖市）举办了丰富多彩的森林等自然资源旅游节庆活动，大力提升了森林等自然资源旅游景区的知名度和美誉度。比较有影响力的森林等自然资源旅游节庆活动主要有北京首届森林文化节、2013四川花卉（果类）生态旅游节、纪念首个"国际森林日"系列活动、2013中国（温州）森林旅游节、山东省2013森林公园推介会、2013中国·内蒙古大兴安岭杜鹃节、第十三届中国黑龙江（伊春）国际森林生态旅游节、新疆塔西河国家森林公园生态旅游节、中国·成都第五届森林文化旅游节、第二届中国·哈尔滨五花山赏秋节、2013上海东滩湿地观鸟节等。

（一）北京首届森林文化节

2013年3～10月，北京森林文化节暨北京西山国家森林公园第二届踏青节在西山国家森林公园开幕。本次森林文化节以"体验森林，感知文化"为主题，自3月28日启动至10月底结束，北京市园林绿化局组织全市森林公园开展一系列森林文化活动，倡导市民走进、体验、热爱、敬重、保护森林，并积极参与森林文化建设。森林文化节期间，举办了丰富多彩的游乐活动，形成"春季踏青赏花"、"夏季避暑纳凉"、"秋季观叶尝果"、"冬季踏雪寻梅"等45项系列活动；举办了"森林文化巡回展"活动，制作图文并茂的异型展板，内容丰富多彩，重点是森林科普知识、首都绿化美化成果和各森林公园特色；开展了多项社会征集活动，丰富森林文化建设内容，提升森林文化的影响力和社会关注度；举办了"弘扬森林文化，共建美丽北京"高峰论坛活动，邀请各方面专家、学者、文化名人及森林公园的建设者、管理者，就森林文化、森林公园及森林旅游建设发展进行交流讨论；组织编辑了《北京森林公园指南》并免费向社会发放。通过举办北京森林文化节，引导广大市民特别是青少年走进森林，体验森林，热爱森林，保护森林，普及森林科普知识，弘扬生态文明理念，倡导绿色健康生活；大力宣传了首都园林绿化事业和森林公园建设取得的丰硕成果。

（二）2013年四川花卉（果类）生态旅游节

2013 年 3 月，2013 年四川花卉（果类）生态旅游节主会场暨新津梨花（杜鹃花）生态旅游节在新津花舞人间景区拉开序幕。本次活动是由四川省林业厅、四川省旅游局主办，四川省生态旅游协会、成都市林业和园林局、成都市旅游局协办，新津县委、县政府承办，主要分为三大主题：①举办 2013 年四川花卉（果类）生态旅游节节庆活动及开幕式。通过整合四川花卉（果类）等生态旅游资源，打造花卉观赏品牌，促进了四川花卉生态旅游及乡村生态旅游持续健康发展，同时宣传了四川乡村生态旅游发展的新亮点，展示了四川生态旅游发展为巩固退耕还林成果带来的蓬勃生机。节庆活动除主会场新津外，全省还设置了 34 个分会场。②发布了全省花卉观赏指数。③举办了四川首届生态旅游花果形象大使——“花仙子”选拔赛活动。2013 年四川省“首届生态旅游花果形象大使”选拔赛与四川各市、州本土特色文化、特色产业相结合，以生态文明建设作为切入点，全面展示了各地在环境、旅游、文化、公益等方面的成就。

（三）纪念首个“国际森林日”系列活动

2013 年 3 月 21 日是联合国设立的首个“国际森林日”。重庆市林业局组织开展了“美哉森林任我游”森林公园开放日活动，3 月 21 日当天全市共有 71 个市级以上森林公园、16 个市级以上自然保护区和 16 个市级以上湿地公园免费向市民开放。初步统计，有近 86 万人走进森林，体验健康，分享生态文明建设成果。同时，广泛开展宣传，在报纸、电视、广播、网络等大众媒体广泛宣传“国际森林日”的由来、意义。此外，重庆市林业局以“走进森林，善待森林”为主题组织开展了“国际森林日专家访谈”活动、“我植一棵树，共绿一江水”保护母亲河植树活动、“美丽重庆，善待森林”摄影作品大赛等系列纪念活动。

（四）2013年中国（温州）森林旅游节

2013 年 4 月，中国（温州）森林旅游节在浙江省永嘉县楠溪江畔开幕。本届森林旅游节由国家林业局、浙江省人民政府主办，浙江省林业厅、浙江省旅游局、温州市人民政府承办。开幕期间举办 6 项主要活动，包括开幕式暨“共美好 • 更美好”实景演出、温州市森林公园集体开园仪式、“楠溪云岚养生度假村”开工仪式、全国养生与长寿永嘉高峰论坛活动、“百名永商 • 台商踏青团”活动以及“中医与养生”永嘉高峰论坛暨 2013 年浙江省中医药学会营养与食疗分会学术年会等。此外，本届森林旅游节推出五大系列活动，共计有 15 项子活动，包括温州市区松台广场举办的第十一届温州早茶节，平阳县青街举办的第四届农历“三月三”畲族风情文化节活动，全市森林公园举办了森林歌舞会、杜鹃花节等活动，在温州大罗山、三垟湿地、瓯海泽雅、永嘉楠溪江、洞头等地还举办了首届中国温州山地户外国际挑战赛。通过举办本次森林旅游节，进一步增强人们关注森林、保护生态的意识，唤起人们走进森林、回归自然的热情，并不断提高森林旅游在建设美丽中国中的重要地位。

（五）山东省2013年森林公园推介会

2013 年 4 月，山东省 2013 年森林公园推介会在蒙山主峰（蒙山龟蒙）景区山门广场举行。本次森林公园推介会由山东省森林公园管理办公室和山东省森林生态旅游协会、临沂市林业局和蒙山旅游区管委会承办。全省 17 个地级市的 120 多家森林公园、旅游景区、40 家旅行社以及山东电视台、大众网、旅游报等25家媒体记者近200人参加了推介会。共设展位50多个，参展单位精心布展，展示丰富的旅游产品，发放宣传材料 1 万多份。此次宣传推介，进一步提升了“好客山东·森林之旅”品牌，塑造了本省森林公园良好形象，有力推动了本省森林旅游，进一步强化了全社会尊重自然、顺应自然、保护自然的理念，唤醒人们走进自然、亲近自然的强烈意识。

（六）2013年中国·内蒙古大兴安岭杜鹃节

2013 年 5 月，2013 年中国·内蒙古大兴安岭杜鹃节在毕拉河林业局达尔滨湖国家森林公园开幕。此届杜鹃节由内蒙古森工集团（林管局）主办，森工集团（林管局）党委宣传部、森工集团旅游局、毕拉河林业局、乌尔旗汉森工公司（林业局）承办。此次杜鹃节除活动开幕仪式外，还设有达尔滨罗日出游，达尔滨罗、神指峡、石海黄菠萝景区自由行，广场文化活动展等系列活动，奏响林区春季旅游的序曲。本次活动以旅游推介和摄影创作为主要内容，利用旅行社团、摄影协会等扩大了林区知名度，展示了林区旅游形象，助推林区森林旅游产业发展。

（七）第十三届中国黑龙江（伊春）国际森林生态旅游节

2013 年 6 ~ 8 月，由国家旅游局、黑龙江省人民政府主办，黑龙江省旅游局、黑龙江省森工总局、黑龙江省林业厅、伊春市人民政府、伊春林管局承办的第十三届中国黑龙江（伊春）国际森林生态旅游节暨第四届中国（伊春）森林音乐会在林都伊春拉开帷幕。本届旅游节以“相约林都伊春，拥抱绿色海洋”为主题，以绿色大森林为背景、以高雅音乐为烘托，是一场集生态环保、科学研讨、文体活动、国际交流及休闲旅游于一体的盛会。除森林音乐会外，还举办了“中俄旅游年”旅游联谊会、经贸合作项目交流会、第五届“绿色伊春”导游员形象展示大赛、首届“林都礼物”旅游商品大赛、“汤旺河国家公园杯”旱地龙舟赛、“相约林都伊春”旅游产品推介会、“伊春是我家”广场系列群众文化活动、新青白头鹤生态文化周、东北地区越野车、越野摩托车场地赛、自行车环城赛、“美丽伊春”书画摄影作品联展等二十多项活动。本届旅游节充分展示了伊春作为“中国林都”秀美的自然山水和如画的生态风光，把伊春独具魅力的森林生态旅游资源、旅游产品和精品线路推向全国、推向世界。

（八）新疆塔西河国家森林公园生态旅游节

2013 年 8 月，由新疆自治区林业厅、玛纳斯县委及人民政府主办，玛纳斯县平原林场承办的新疆塔西河国家森林公园生态旅游节暨玛纳斯县首届林业博览会在玛纳斯县平原林场开幕。在开幕式现场，当地各乡镇和参展单位的专业合作社展示了当地农林特色产品、苗木花卉、碧玉、奇石等，推介旅游资源。旅游节期间，玛纳斯县还举办了千人穿越平原林海、千年神树祈福、参观杨树基因库等活动。此次林博会的召开充分发挥玛纳斯县资源优势，着力向外界展示玛纳斯县的魅力及新疆塔西河国家森林公园的旅游资源，使来自全国各地的参观者深入了解玛纳斯县生态建设和林业产业的发展成果，使玛纳斯县的知名度和美誉度逐步攀升。

（九）中国·成都第五届森林文化旅游节

2013 年 9 ～ 11 月，“中国·成都第五届森林文化旅游节”在成都大邑县鹤鸣乡道源圣城开幕。本届“森林文化旅游节”，主办单位为国家林业局森林公园管理办公室、四川省林业厅，承办单位为大邑县人民政府、成都市林业和园林局，协办单位为四川省生态旅游协会、成都市旅游局。本次森林文化旅游节包括穿越原始森林探密森林自然资源、森林山珍美食节、花水湾风情度假节、西岭山歌节、道源养生野菜节、金星金秋银杏节等 10 项系列活动。该项活动的举办进一步扩大了成都森林文化旅游节的品牌影响，展现成都森林文化资源和人文自然资源，提升大邑旅游的知名度，推进生态文明和“国际旅游目的地”建设。

（十）第二届中国·哈尔滨五花山赏秋节

2013 年 9 月，第二届中国·哈尔滨五花山赏秋节暨金龙山第六届红叶节在哈尔滨市阿城区金龙山国家森林公园启幕。本届红叶节围绕“迷人的哈尔滨之夏”文化旅游活动为主线，以“红叶金龙山、大美邀天下”为主题，充分展示了金龙山丰富的旅游资源，扩大了阿城旅游在省内以至全国的知名度和美誉度，倡导全民“欢乐健康游”的生活理念和低碳环保的生活方式，打造“冰城夏都拓展区”秋季旅游精品形象，推广全民健身运动，提高了全民文明素质，促进了区域经济社会又好又快发展。

（十一）2013年上海东滩湿地观鸟节

2013 年 12 月，由上海东滩湿地国际有限公司、上海崇明东滩鸟类国家级自然保护区主办的 2013 上海东滩湿地观鸟节在上海崇明东滩湿地拉开帷幕。在开幕活动上，150 多名青年志愿者以自行车骑行和徒步 6 千米的方式，表达了对生态环境的关注，倡导低碳环保、运动健康的生活方式；通过使用高倍望远镜观察迁徙鸟类在东滩湿地中休闲和觅食的情景，志愿者们近距离接受了鸟类栖息的生动教育。本届观鸟节期间，通过“影像东滩”野生鸟类摄影比赛、“东滩湿地·我眼中的鸟类天堂”青少年绘画比赛、招募湿地志愿者清理捕鸟网等活动，使广大市民亲临湿地、走近候鸟，增强大家珍惜湿地环境、关爱鸟类的意识。

四、影视片制作

为了加强森林等自然资源旅游宣传，促进森林等自然资源旅游发展，各森林等自然资源旅游景区积极组织拍摄电视片、影片、专题片及宣传片，以提高知名度，并取得较好的宣传效果。

（一）《中国国家森林公园》大型电视纪录片

为纪念中国国家森林公园发展30周年，由国家林业局森林公园与保护发展中心、中国农业电影电视中心共同策划，中央电视台第七频道《科技苑》栏目拍摄制作15集大型电视纪录片《中国国家森林公园》，每集针对一个国家森林公园。截至2013年底，与CCTV-7合作拍摄15集大型电视纪录片《中国国家森林公园》的全部拍摄任务完成。自大型电视纪录片《中国国家森林公园》前5集播放以来，受到业内外人士的一致好评，据CCTV-7《科技苑》栏目对前5集的收视率统计，共有150万左右业内外人士收看，后10集在2014年陆续播出。纪录片从普及森林科学知识角度，以生态保护、人与自然和谐相处为主题，将我国森林资源的特点、森林生态系统的规律和动植物资源，生动具体地加以呈现。

（二）《寻找大脚印》电视纪录片

2013年4月，美国知名电视机构在中国湖北神农架自然保护区投拍的《寻找大脚印》电视纪录片拍摄完成。以探寻神农架野人为题材的《寻找大脚印》纪录片已于2013年年内播出，神农架野人问题将以西方人探寻的视角呈现在世人面前，更加全面地反映神农架原始自然风光、高山湿地地貌、社会人文民俗和金丝猴等珍稀动物。

（三）《美丽中国·湿地行》电视系列片

2013年5～9月中旬，CCTV-4“美丽中国·湿地行”摄制组到宁夏沙湖湿地公园、云南拉市海湿地公园、湖北神农架大九湖国家湿地公园、珍宝岛湿地国家级自然保护区等50个湿地，分别取景拍摄了《桃花源记——杭州西溪》、《沙湖——塞上传奇》、《水润丽江》、《神奇大九湖》、《虎影寻踪》等50集湿地系列片，在中文国际频道《走遍中国》栏目连续播出。该系列片揭示了我国湿地生态系统千姿百态的湿地风光，用故事和文字解读着湿地不可或缺的功能效应，用画面诠释湿地所孕育的人文特色，把湿地特有的山水和湿地风貌、动植物资源展现给全世界。

（四）《远方的家·鹤舞大山包》和《越冬》电视纪录片

2013年3月，CCTV-4《远方的家》栏目昭通摄制组在昭通市云南大山包黑颈鹤国家级自然保护区拍摄制作纪录片《远方的家·鹤舞大山包》。《远方的家·鹤舞大山包》以专家讲述的方式，较好地反映了大山包保护区的自然地理、风土人情、黑颈鹤保护等内容。6月，大山包保护区管理局和云南电视台联合拍摄云南大山包黑颈鹤国家级自然保护区专题纪录片《越冬》。制作团队深入大山包保护区，先后拍摄10年，以越冬黑颈鹤“夏”和“暑”一家为主线，通过平实的叙述手法和崭新的视角讲述了黑颈鹤在大山包保护区的生存状态。这部时长45分钟的纪录片陆续在中央电视台纪录频道和云南电视台播出。《越冬》和《远方的家·鹤舞大山包》的上演，不仅能够为国内外游客的大山包之旅带来全新的视听盛宴，更能在推动对黑颈鹤的保护上起到积极的作用，并将让更多的人关注大山包、关注黑颈鹤的生存状态，对进一步推动人与自然和谐发展具有积极意义。

（五）第一部国家森林公园影片《梦萦张家界》

2013年10月，我国第一部反映国家森林公园发展的影片《梦萦张家界》在2013中国湖南张家界国际森林保护节开幕式上首映。电影《梦萦张家界》以张家界国家森林公园为背景，讲述了几代张家界林业人的奋斗故事，艺术再现了张家界由一个普通的国营林场到我国第一个国家森林公园，再演变到世界著名旅游城市的历程，热情讴歌了我国林业人“把头发白在山里、把骨头埋在山里、把灵魂守在山里”的感人事迹。影片中既有缠绵悱恻的爱情故事叙述，也有引人向上的中国林业人精神的揭示；既有张家界民俗风情、土家文化的演绎，又有绝美自然风光的呈现。

（六）《中国古树》等专题片

2013年，《中国古树》摄制组赴西安临潼区骊山国家森林公园、广东圭峰山国家森林公园等森林旅游景区拍摄《中国古树》专题片，专题片制作完成后，在CCTV-4栏目播出。专题片系统介绍了具有1000多年生长历史的骊山连理皂荚树、圭峰山百年古榕等古树名木，提高了骊山国家森林公园、圭峰山国家森林公园的知晓度。

三江源国家级自然保护区成立十周年3集专题片完成拍摄并播出。2013年，青海省林业厅和青海电视台拍摄完成了“保护高原生态、呵护中华水塔”、“建设和谐保护区的绿色天路”和“十年风雨艰辛路、碧水蓝天铸辉煌”三江源国家级自然保护区成立十周年3集专题片，在《感动青海》栏目连播。专题片以真实的场景和感人的影像，生动展现了三江源国家级自然保护区成立十周年以来在保护执法、野生动植物保护、生态工程建设、科研监测和社区共管以及管理体系建设等方面发生的变化和工作成效。

（七）微电影《祈愿遂愿之泰山》

2013年，泰山与韩国文化传媒公司成功合作完成了形象宣传片《祈愿遂愿之泰山》的拍摄，并在韩国隆重上映。整个宣传片将岱庙、普照寺、南天门、碧霞祠等传统景点和索道公司、天外村游人中心等现代化的优质旅游服务窗口等泰山最美的旅游资源有机串联，破开旧的宣传片形式，以微电影的这一新的题材形式向韩国观众展示泰山厚重的历史文化及现代化旅游资源。此次宣传片拍摄是继泰山与汉拿山签订友好山协议后又一次对韩国市场进行专题宣传的市场营销工作。

五、森林旅游网络平台

（一）调整完善中国森林旅游网

国家林业局对中国森林旅游网进行了改版，对页面设计、模块、功能做了较大调整，包括增加视频、图片新闻等模块，设置景区上传森林旅游数据等功能；建立了中国森林旅游官方微博（新浪、腾讯、搜狐），并对新浪微博进行了政府微博认证；建立了中国森林旅游官方微信（ftourorg）。各类子网站近400个，其中景区子网站近300个，以森林公园为主260余个，日均点击率超6000次，充分发挥了森林旅游网站在提高行业凝聚力、提升森林旅游品牌价值、促进业内外交流、提高景区知名度等方面的重大作用。

（二）地方森林旅游网络建设

各地森林旅游景区充分利用网络平台建网页、设论坛，进行个性化宣传，与同程网、携程网、乐游天下（旅游交易网）等国内知名旅游网站建立营销合作关系，建立了游客和景区之间的高效信息通道，加强了森林旅游宣传促销力度，进一步提升森林旅游品牌的影响力。

第九章

国（境）内外交流与合作

- 首届亚洲公园大会
- 对台交流与合作
- 中加国家公园结对
- 粤港澳湿地保护合作
- 湿地保护国际会议

第九章 国（境）内外交流与合作

2013 年，国家林业局组织参加了首届亚洲公园大会；与加拿大签署森林公园结对协议；举办了 2013 海峡两岸森林公园与森林旅游论坛，召开了第十九届海峡两岸自然保护区业务交流会、粤港澳湿地保护合作座谈会、长江湿地保护网络年会和东营国际湿地保护交流会，组织赴台培训调研。进一步促进了与国际、境外的交流与合作，扩大中国森林等自然资源旅游的国际影响力，开创国际交流与合作的新局面。

一、首届亚洲公园大会

2013 年 11 月，首届“亚洲公园大会（APC)”，在日本仙台召开，大会由日本环境省和世界自然保护联盟（IUCN）联合举办，有来自 40 个国家和地区的政府官员、国际组织和非政府机构专家学者及学生等 800 多人参会。国家林业局于 11 月 12 ~ 18 日，应世界自然保护联盟（IUCN）的邀请，赴日本仙台市参加会议。会议期间，我国代表团作了《中国在自然保护领域新的实践和成果——中国森林公园建设与发展》的宣传演讲，并以中国林业展台，通过图片、数据和招贴画等形式展示了近 30 年中国国家森林公园的建设成就及对生物多样性保护和社区发展作出的贡献，引起与会人员热烈关注，取得了良好宣传效果。

二、对台交流与合作

（一）举办2013年海峡两岸森林公园与森林旅游论坛

2013 年 10 月，由中国林场协会、中华自然资源保育协会共同主办，四川省生态旅游协会承办的“2013 年海峡两岸森林公园与森林旅游论坛”在成都召开。来自海峡两岸森林公园与森林旅游管理和研究的 80 余名代表参加了论坛。

国家林业局、台湾林业主管部门就两岸相关领域发展情况做了主题报告。论坛分别就森林公园在生态保育、民生需求、林农致富的作用发挥，“森林人家”品牌的创意与实践，森林旅游发展的理念与美学，IUCN 保护区管理分类体系和保护区绿色名录及其应用的可行性，以及森林游乐区规划、社区共建、环境教育、科普解说等议题做了专题报告。论坛期间，两岸业内人士还就进一步加强交流与合作交流了意见，并达成了广泛共识。

本次论坛为海峡两岸森林公园与森林旅游行业的交流与合作掀开了崭新的一页，促进了海峡两岸森林公园和森林旅游发展理念和成果的交流与共享，为两岸林业部门深入开展自然保护和森林旅游务实合作创造了良好条件并积累了宝贵经验，对进一步促进两岸业内交流，促进双方取长补短，共同推动两岸自然保护和森林旅游事业发展产生十分重要的影响。

（二）安徽组织赴台森林旅游培训交流

2013 年 1 月，安徽省森林公园管理办公室组织前往台湾培训交流森林旅游工作，取得丰硕成果。在台期间，先后在台湾铭传大学、台湾大学培训学习和研讨，参观访问了阿里山林务局林业工作站和森林游乐区、南投桃米生态村、台东东游季休闲农场等森林旅游景区。参访团成员分别就感兴趣的问题与台湾森林旅游业的专家学者进行了热情友好的互动交流，对台湾森林旅游注重实效、重视保护，强调人与自然的和谐等经营理念以及台湾森林旅游从业人员的敬业精神和管理效率等方面留下了深刻印象，并探讨了如何借鉴台湾相关工作的成功经验，更好地促进安徽省森林等自然资源旅游事业的健康发展。

（三）召开第十九届海峡两岸自然保护区业务交流研讨会

2013 年 10 月，由中国自然科学博物馆学会自然保护区专业委员会主办，云南省林业厅、国家林业局自然保护区及野生动植物西南监测中心承办的第十九届海峡两岸自然保护区业务交流研讨会在昆明顺利召开。本次研讨会以野生动植物保护、自然保护区建设管理和可持续发展为主题，来自海峡两岸的自然保护区管理人员、大专院校科研和技术人员 70 余名代表参加了论坛。研讨会上，云南省林业调查规划院、云南大学、台湾国家公园学会等单位的代表分别做了“云南省自然保护区森林生态服务功能价值评估”、“生态文明建设中的生态检核及评估实务”、“云南省自然保护区旅游生态补偿政策研究”、“阳明山国家公园生态聚落永续发展之社区培力计划”等 12 个专题报告。研讨会期间，海峡两岸业内人士还就如何深入推进两岸自然保护区交流与合作交流了意见，并达成了广泛共识。本次研讨会的成功举办为海峡两岸自然保护区行业的交流与合作掀开了崭新的一页，必将对进一步促进两岸学术交流，共同提高两岸自然保护技术的研究和管理水平，推动两岸自然保护事业发展产生深远影响。

三、中加国家公园结对

2013 年 7 月，国家林业局与加拿大国家公园管理局共同签署了中国安徽黄山国家森林公园与加拿大班夫国家公园结对协议。自此两个公园结成姊妹公园，并将通过制定长期工作计划开展合作。根据协议，双方将成立联合工作组，利用 8 个月时间，在宣传推介、保护管理、旅游营销、促进周边合作等方面研究制定具体行动计划，并在合作期内付诸实施。黄山国家森林公园与班夫国家公园决定结成姊妹关系，不仅是两个公园友好合作的重要时刻，更是中加自然保护合作事业中值得庆贺的历史时刻。协议的签署加强了双方的国际合作，促进森林公园保护与管理经验的交流，推动更多本国游客到对方旅游，树立中加自然保护合作的典范，为两国友好关系的发展不断做出新的贡献。

四、粤港澳湿地保护合作

2013 年 8 月，粤港澳湿地保护合作座谈会在广州召开。广东省林业厅、香港渔农自然护理署、澳门民政总署、澳门环保总局、世界自然基金会香港分会以及广州、深圳、珠海市林业主管部门、省内国际重要湿地和国家湿地公园管理机构负责人的代表、专家参加了座谈会。广东省林业厅保护处和科技与交流合作处、香港渔农自然护理署、澳门民政总署、澳门环保总局、世界自然基金会香港分会分别就强化粤港澳湿地和野生动物保护交流与合作提出了建设性意见，并研究探讨了开展湿地生态教育及科研交流、鸟类资源和鸟类栖息地保护监测、加强濒危动植物鉴别等方面的内容和实施步骤。通过交流和研讨，将有力地推动粤港、粤澳合作框架协议中湿地和野生动植物保护的各项重点工作的实施，强化粤港澳湿地和野生动植物保护合作的发展。

五、湿地保护国际会议

（一）长江湿地保护网络年会

2013 年 7 月，由国家林业局湿地保护管理中心、世界自然基金会、贵州省林业厅主办，贵阳生态文明委员会承办的长江湿地保护网络年会在贵阳举行。本届长江湿地保护网络年会以“湿地保护和绿色转型”为主题。本次论坛达成了《建设生态文明推进绿色转型——贵阳宣言》（以下简称《宣言》）。该《宣言》根据国家生态主体功能区战略确定的生态安全战略格局，对遭受一定程度破坏的生态系统，加强保护，休养生息，重点实施好湿地保护与恢复、生物多样性栖息地构建等工程。持续推动建立国家和地方层面上湿地保护法律保障体系，保护和利用好流域内的湿地资源，推进绿色转型，为子孙后代保留一个永远的美丽家园。

（二）东营国际湿地保护交流会议

2013 年 10 月，东营国际湿地保护交流会议开幕。此次会议由国家林业局与山东省政府共同举办，国家林业局湿地保护管理中心、山东省林业厅、东营市政府承办，会议主题是“湿地保护与可持续发展”。来自国内外的 140 多名专家、学者、管理者以及相关国际组织的代表，围绕湿地保护与可持续发展主题展开深入探讨并考察了黄河三角洲自然保护区。会议期间，还举行了“黄河流域湿地保护与可持续发展”、“宣传教育与湿地公园发展”、“湿地与农业、湿地与生态旅游”和“国际重要湿地管理”四个专题交流活动。同时，与会代表共同发表了《东营宣言》（以下简称《宣言》）。《宣言》指出，湿地具有强大的生态和生产功能，供养着中国和全球数十亿人口，应严格保护现有自然湿地及其生物多样性，加强东亚—澳大利亚等迁徙水鸟保护网络工作，确保迁飞水鸟路线各国和地区之间合作与联络。《宣言》表示，与会代表将积极推动和促进上述行动，中国国家林业局和《湿地公约》秘书处将通过国内外会议广泛传播这一宣言。会议的成功举办，宣传了我国湿地保护以及在履行国际湿地公约方面取得的成就，提高全社会的湿地保护意识，弘扬我国丰富悠久的湿地文化，推动湿地保护事业健康发展。

专栏9　第三届中国湿地文化节暨东营国际湿地保护交流会议《东营宣言》

2013年10月24～25日召开的第三届湿地文化节暨东营国际湿地保护交流会议由中国国家林业局、山东省人民政府共同主办，东营市人民政府、山东省林业厅、国家林业局湿地保护管理中心承办；湿地国际、世界自然基金会、德国国际合作机构、人民网、绿色中国杂志社、香港卫视为本次文化节的合作伙伴。

来自《湿地公约》秘书处、联合国开发计划署、湿地国际、世界自然基金会、德国国际合作机构、全球环境中心、国际鸟盟、英国野禽与湿地信托基金、保护国际、东亚—澳大利亚迁飞区伙伴关系秘书处等有关国际组织的代表，以及中国、澳大利亚、德国、马来西亚、英国多个国家和地区的专家学者，中国国家和各省级林业等主管部门，有关国际重要湿地、湿地自然保护区和国家湿地公园的代表，近150人参加了大会。

大会达成共识，发表《东营宣言》，内容如下：

湿地孕育生命

湿地具有强大的生态和生产功能，不仅支持生物多样性和维持生态平衡，更是为人类生存发展提供清新的空气、洁净的淡水、丰富的食物和纤维等多种物产，供养着中国和全球数十亿人口。维持健康的湿地，是国家可持续发展的基石，关系到人类福祉、全球生态安全。

保护湿地，我们义不容辞

经济快速发展和人口迅速增长导致湿地过度开发和退化，不仅威胁到自然界的生态平衡，更是削弱了经济社会的发展。今后，我们需要共同努力来保护湿地资源。

本次大会回顾了近年来湿地工作进展，确定了新的目标和措施，以推动湿地保护事业成为生态文明建设的重要领域，持续健康发展。

我们倡议：

1. 严格保护现有自然湿地及生物多样性，阻止其进一步退化。

2. 加强东亚—澳大利亚等迁徙水鸟保护网络工作，确保迁飞水鸟路线各国和地区之间合作与联络，交流与分享经验。

3. 加大力度，保护现有自然湿地并通过采用生态用水等有效措施，恢复已退化的泥炭地、沼泽、河流、湖泊以及滨海湿地；进一步加强黄河等河流流域及滨海湿地保护工作。

4. 通过制定或修改（更新）管理计划，明确管理目标，维持湿地生物多样性和湿地生态系统服务功能。促进国际重要湿地、水鸟迁飞地点和湿地保护的管理工作。

5. 进一步加强湿地公园建设与发展、促进有效管理及运营。

6. 通过采取一系列的宣传教育活动，促进社会各界支持和参与湿地保护，提高全民湿地保护意识。

7. 国家和地方政府应制定相关政策，有效管理湿地，以应对气候变化所带来的不利影响，促进可持续发展，建设生态文明。

8. 鼓励当地社区积极参与湿地保护工作，在实际保护工作中要充分考虑到相关利益方的切实利益。

9. 加强多部门的合作，全面促进中国湿地保护与合理利用。

10. 鼓励地区间和国际合作，在全球范围内推广湿地保护与合理利用的先进理念和技术。

与会代表积极推进和促进上述行动。中国国家林业局和《湿地公约》秘书处通过国内外会议广泛传播本宣言。

附　录

- 2013年新增国家级森林公园名录（15处）
- 2013年新增林业系统国家级自然保护区名录（39处）
- 2013年新增国家湿地公园名录（131处）
- 2013年全国森林等自然资源旅游大事记
- 2013年第五批获得中国国家森林公园专用标志使用授权的国家级森林公园49处
- 2013年全国最具网络人气的100家森林旅游景区
- 2013年“中国最具网络人气最佳秋色观赏地”10处
- 2013年“中国最具网络人气最佳山地花卉观赏地”10处
- 2013年“中国最具网络人气最佳野生鸟类观赏地”10处
- 2013年“中国最具网络人气最佳温泉度假地”10处

一、2013年新增国家级森林公园名录（15处）

1. 吉林兰家大峡谷国家森林公园
2. 吉林长白山北坡国家森林公园
3. 合肥大蜀山国家森林公园
4. 福建武夷天池国家森林公园
5. 江西彭泽国家森林公园
6. 山东滕州墨子国家森林公园
7. 山东密州国家森林公园
8. 山东留山古火山国家森林公园
9. 湖北丹江口国家森林公园
10. 湖南攸州国家森林公园
11. 湖南矮寨国家森林公园
12. 海南兴隆侨乡国家森林公园
13. 四川阆中国家森林公园
14. 陕西青峰峡国家森林公园
15. 陕西黄龙山国家森林公园

二、2013年新增林业系统国家级自然保护区名录（39处）

1. 山西省（1处）
   山西灵空山国家级自然保护区
2. 内蒙古自治区（2处）
   内蒙古罕山国家级自然保护区
   内蒙古青山国家级自然保护区
3. 辽宁省（1处）
   辽宁大黑山国家级自然保护区
4. 吉林省（2处）
   吉林白山原麝国家级自然保护区
   吉林汪清国家级自然保护区
5. 黑龙江省（5处）
   黑龙江中央站黑嘴松鸡国家级自然保护区
   黑龙江茅兰沟国家级自然保护区
   黑龙江明水国家级自然保护区
   黑龙江三环泡国家级自然保护区
   黑龙江乌裕尔河国家级自然保护区
6. 福建省（2处）
   福建闽江河口湿地国家级自然保护区
   福建茫荡山国家级自然保护区
7. 江西省（2处）
   江西赣江源国家级自然保护区
   江西庐山国家级自然保护区
8. 湖北省（2处）
   湖北堵河源国家级自然保护区
   湖北十八里长峡国家级自然保护区
9. 湖南省（5处）
   湖南东安舜皇山国家级自然保护区
   湖南白云山国家级自然保护区
   湖南西洞庭湖国家级自然保护区
   湖南九嶷山国家级自然保护区
   湖南金童山国家级自然保护区
10. 广东省（1处）
   广东罗坑鳄蜥国家级自然保护区

11. 广西壮族自治区（4 处）
 广西大桂山鳄蜥国家级自然保护区
 广西邦亮长臂猿国家级自然保护区
 广西恩城国家级自然保护区
 广西元宝山国家级自然保护区
12. 重庆市（1 处）
 重庆五里坡国家级自然保护区
13. 四川省（2 处）
 四川栗子坪国家级自然保护区
 四川小寨子沟国家级自然保护区
14. 云南省（1 处）
 云南乌蒙山国家级自然保护区
15. 陕西省（4 处）
 陕西黄柏源国家级自然保护区
 陕西平河梁国家级自然保护区
 陕西老县城国家级自然保护区
 陕西观音山国家级自然保护区
16. 甘肃省（1 处）
 甘肃黄河首曲国家级自然保护区
17. 青海省（2 处）
 青海大通北川河源区国家级自然保护区
 青海柴达木梭梭林国家级自然保护区
18. 新疆维吾尔自治区（1 处）
 新疆布尔根河狸国家级自然保护区

三、2013年新增国家湿地公园名录（131处）

1. 天津市（1 处）
 天津武清永定河故道国家湿地公园
2. 河北省（2 处）
 河北木兰围场小滦河国家湿地公园
 河北崇礼清水河源国家湿地公园
3. 山西省（2 处）
 山西神溪国家湿地公园
 山西沁河源国家湿地公园
4. 内蒙古自治区（5 处）
 内蒙古多伦滦河源国家湿地公园
 内蒙古乌海龙游湾国家湿地公园
 内蒙古大兴安岭绰源国家湿地公园
 内蒙古临河黄河国家湿地公园
 内蒙古伊图里河国家湿地公园
5. 辽宁省（2 处）
 辽宁七星国家湿地公园
 辽宁抚顺社河国家湿地公园
6. 吉林省（8 处）
 吉林八家子庙岭国家湿地公园
 吉林辽源矿区国家湿地公园
 吉林通化英额布国家湿地公园
 吉林长白山碱水河国家湿地公园
 吉林和龙广坪国家湿地公园
 吉林集安霸王潮国家湿地公园
 吉林临江五道沟国家湿地公园
 吉林长白泥粒河国家湿地公园
7. 黑龙江省（9 处）
 黑龙江安达古大湖国家湿地公园
 黑龙江白杨木国家湿地公园
 黑龙江东方红国家湿地公园
 黑龙江虎林国家湿地公园
 黑龙江七台河桃山湖国家湿地公园
 黑龙江大兴安岭砍都河国家湿地公园
 黑龙江鹤岗十里河国家湿地公园
 黑龙江霍吉河国家湿地公园
 黑龙江塔河固奇谷国家湿地公园

8. 上海市（1处）
   上海吴淞炮台湾国家湿地公园
9. 江苏省（5处）
   江苏古淮河国家湿地公园
   江苏天福国家湿地公园
   江苏赤山湖国家湿地公园
   江苏潘安湖国家湿地公园
   江苏同里国家湿地公园
10. 福建省（1处）
   福建长汀汀江国家湿地公园
11. 江西省（3处）
   江西景德镇玉田湖国家湿地公园
   江西饶河源国家湿地公园
   江西宁都梅江国家湿地公园
12. 山东省（15处）
   山东曹县黄河故道国家湿地公园
   山东浚河国家湿地公园
   山东青岛唐岛湾国家湿地公园
   山东日照傅疃河口国家湿地公园
   山东潍坊禹王国家湿地公园
   山东沂南汶河国家湿地公园
   山东沂水国家湿地公园
   山东邹城太平国家湿地公园
   山东昌邑滨海国家湿地公园
   山东麻大湖国家湿地公园
   山东青州弥河国家湿地公园
   山东汤河国家湿地公园
   山东养马岛国家湿地公园
   山东沂沭河国家湿地公园
   山东云蒙湖国家湿地公园
13. 河南省（7处）
   河南陆浑湖国家湿地公园
   河南台前金水国家湿地公园
   河南息县淮河国家湿地公园
   河南安阳漳河峡谷国家湿地公园
   河南民权黄河故道国家湿地公园
   河南唐河国家湿地公园
   河南项城汾泉河国家湿地公园
14. 湖北省（13处）
   湖北房县古南河国家湿地公园
   湖北十堰黄龙滩国家湿地公园
   湖北随县封江口国家湿地公园
   湖北武汉安山国家湿地公园
   湖北襄阳汉江国家湿地公园
   湖北宣恩贡水河国家湿地公园
   湖北远安沮河国家湿地公园
   湖北荆门仙居河国家湿地公园
   湖北松滋洈水国家湿地公园
   湖北通山富水湖国家湿地公园
   湖北武汉后官湖国家湿地公园
   湖北孝感朱湖国家湿地公园
   湖北宜城万洋洲国家湿地公园
15. 湖南省（8处）
   湖南常宁天湖国家湿地公园
   湖南华容东湖国家湿地公园
   湖南思蒙国家湿地公园
   湖南天子湖国家湿地公园
   湖南涔槐国家湿地公园
   湖南春陵国家湿地公园
   湖南双牌日月湖国家湿地公园
   湖南绥宁花园阁国家湿地公园
16. 广东省（1处）
   广东怀集国家湿地公园
17. 广西壮族自治区（3处）
   广西都安澄江国家湿地公园
   广西靖西龙潭国家湿地公园
   广西富川龟石国家湿地公园
18. 四川省（4处）
   四川邛海国家湿地公园
   四川新津白鹤滩国家湿地公园
   四川仁寿黑龙滩国家湿地公园
   四川营山清水湖国家湿地公园

19. 贵州省（15 处）
贵州安龙招堤国家湿地公园
贵州北盘江大峡谷国家湿地公园
贵州德江白果坨国家湿地公园
贵州贵阳啊哈湖国家湿地公园
贵州凉都国家湿地公园
贵州纳雍大坪箐国家湿地公园
贵州万山长寿湖国家湿地公园
贵州沿河乌江国家湿地公园
贵州安顺邢江河国家湿地公园
贵州碧江天生桥国家湿地公园
贵州光照湖国家湿地公园
贵州江口国家湿地公园
贵州罗甸蒙江国家湿地公园
贵州思南白鹭湖国家湿地公园
贵州兴义万峰国家湿地公园
20. 云南省（3 处）
云南蒙自长桥海国家湿地公园
云南鹤庆东草海国家湿地公园
云南盈江国家湿地公园
21. 陕西省（8 处）
陕西丹江源国家湿地公园
陕西牧马河国家湿地公园
陕西千层河国家湿地公园
陕西徐水河国家湿地公园
陕西朝邑国家湿地公园
陕西落星湾国家湿地公园
陕西七星河国家湿地公园
陕西汤峪龙源国家湿地公园
22. 甘肃省（3 处）
甘肃嘉峪关草湖国家湿地公园
甘肃康县梅园河国家湿地公园
甘肃酒泉花城湖国家湿地公园
23. 青海省（2 处）
青海洮河源国家湿地公园
青海西宁湟水国家湿地公园
24. 宁夏回族自治区（2 处）
宁夏简泉湖国家湿地公园
宁夏镇朔湖国家湿地公园
25. 新疆维吾尔自治区（8 处）
新疆英吉沙国家湿地公园
新疆乌什托什干河国家湿地公园
新疆吉木乃高山冰缘区国家湿地公园
新疆哈密河国家湿地公园
新疆于田克里雅河国家湿地公园
新疆伊宁伊犁河国家湿地公园
新疆青河县乌伦古河国家湿地公园
新疆霍城伊犁河谷国家湿地公园

四、2013年全国森林等自然资源旅游大事记

1. 2013 年 1 月 22 日，国家林业局森林公园管理办公室通过《全国森林旅游发展规划（2011 ~ 2020 年）》。
2. 2013 年 1 月 22 日，国家林业局森林公园管理办公室通过中国森林旅游专用标志的设计方案。
3. 2013 年 2 月 1 日，海南省人大常委会颁布的《海南经济特区森林旅游资源保护和开发规定》开始实行。

4. 2013年2月23日，江苏游子山首届森林生态旅游节暨游子文化节在游子山国家森林公园开幕。
5. 2013年3月8日，由四川省林业厅、四川省旅游局主办的2013四川花卉(果类）生态旅游节暨新津梨花（杜鹃花）生态旅游节在新津县“花舞人间”景区开幕。
6. 2013年3月10日，由四川省林业厅、四川省旅游局主办的2013四川花卉(果类）生态旅游节分会场暨珙县首届茶花生态旅游节在“龙茶花海”景区开幕。
7. 2013年3月18日，由四川省林业厅、四川省旅游局主办的2013四川花卉（果类)生态旅游节分会场暨苍溪第十一届梨花生态旅游节在苍溪中学新校区开幕。
8. 2013年3月28日，由北京园林绿化局主办的2013年北京森林文化节启动仪式暨北京西山国家森林公园第二届踏青节开幕式在北京西山国家森林公园举行。
9. 2013年3月29～30日，由国家林业局国有林场和林木种苗工作总站举办的国家级森林公园管理高级研修班在江苏常熟虞山国家森林公园成功举办。
10. 2013年4月1日，由国家林业局、浙江省人民政府主办的2013中国（温州）森林旅游节在温州永嘉县金珠瀑文化休闲中心（永嘉书院）开幕。
11. 2013年4月10日，由四川省林业厅、四川省旅游局主办的2013四川花卉(果类）生态旅游节分会场暨安岳柠檬花生态旅游节在安岳县岳阳镇水观村开幕。
12. 2013年4月24日，2013浙江(磐安)森林旅游节暨首届浙中杜鹃花节开幕式在高二乡高姥山举行。
13. 2013年4月25日，十二届全国人大常委会第二次会议审议通过《旅游法》，该法于2013年10月1日开始施行。
14. 2013年4月27日，国家林业局森林公园管理办公室下发《关于进一步加强森林旅游安全工作的通知》。
15. 2013年4月28日，广西良凤江国家森林公园举行国家4A级景区揭牌仪式暨第十四届森林旅游节开幕式。
16. 2013年5月3日，国家林业局森林公园管理办公室下发“关于开展2013年全国森林旅游系列推选活动的通知”。
17. 2013年5月6～8日，由云南省林业厅与美国大自然保护协会（TNC）共同主办的云南省“2013年解说系统培训班”在云南丽江举办。
18. 2013年5月7日，陕西省森林旅游工作会议在西安召开。
19. 2013年5月9日，由四川省林业厅、四川省旅游局主办的2013四川花卉(果类）生态旅游节分会场暨成都（龙泉）第十届枇杷节在成都市龙泉驿区山泉镇美满村开幕。
20. 2013年5月14～17日，中国林学会森林公园分会第三次会员代表大会暨森林公园与生态文明建设学术研讨会在福建农林大学召开。

21. 2013 年 5 月 18 日,“龙湾杯”美丽中国摄影大赛采风启动仪式暨 2013 中国·吉林龙湾野生杜鹃花卉旅游节开幕式在吉林龙湾群国家森林公园举行。
22. 2013 年 5 月 19 日，“走进植物园共享绿色梦”——2013 年科技周主题活动暨 2013 年郁金香观赏节开幕式在哈尔滨国家森林公园（黑龙江省森林植物园）生态广场举行。
23. 2013 年 5 月 27 日，山西省十二届人大常委会第三次会议审议《山西省森林公园条例（草案)》。
24. 2013 年 5 月 30 日，海南省人民政府办公厅印发《海南省热带森林旅游发展总体规划》。
25. 2013 年 6 月 10 日至 7 月 20 日，上海“2013 芳香植物展”在上海共青森林公园举办。
26. 2013 年 6 月 26 日，2013 木兰围场森林草原旅游文化节在塞罕坝文化广场开幕。
27. 2013 年 6 月 28 日，第十三届中国黑龙江（伊春）国际森林生态旅游节暨第四届中国（伊春）森林音乐会在北山公园广场隆重开幕。
28. 2013 年 7 月 6 日，由四川省林业厅、四川省旅游局主办的 2013 年四川花卉（果类）生态旅游节分会场暨宜宾第四届荷花生态旅游节开幕式在宜宾市宜宾县永兴镇举行。
29. 2013 年 7 月 8 日，国务院台湾事务办公室同意“2013 年海峡两岸森林公园与森林旅游论坛”活动立项，并列入 2013 年对台交流重点项目。
30. 2013 年 7 月 19 日，林业与生态文明论坛在贵阳国际生态会议中心举行。来自国家林业局领导及中外来宾 100 余人将围绕“林业与生态文明”这一主题，从林业与绿色增长、森林与生态服务和森林文化等角度展开研讨，探讨林业在生态文明建设中的地位和作用，分享林业生态文明建设经验，增进生态文明务实合作，促进生态文明理念在世界范围内的推广和传播。
31. 2013 年 7 月 14 日，国家林业局局长赵树丛与加拿大国家公园管理局副局长杰夫·安德森共同签署了中国安徽黄山国家森林公园与加拿大班夫国家公园结对协议。
32. 2013 年 8 月 7 日，国家林业局复函宁夏回族自治区林业局，同意设立我国首个国家沙漠公园——宁夏沙坡头国家沙漠公园。
33. 2013 年 9 月 8 日，由中国森林旅游网、中国林学会森林公园分会、网易联合主办的中国最美森林旅游景区系列评选活动正式启动。
34. 2013 年 9 月 27 日，第二届中国·哈尔滨五花山赏秋节暨金龙山第六届红叶节在金龙山国家森林公园开幕。
35. 2013 年 10 月 10 日，内蒙古自治区林业厅、内蒙古自治区旅游局联合出台《关于加快发展森林旅游的意见》。

36. 2013 年 10 月 14 日，“2013 年海峡两岸森林公园与森林旅游论坛”在成都召开，来自海峡两岸森林公园与森林旅游管理和研究的 80 余名代表参加了论坛。

37. 2013 年 10 月 15 日，全国森林公园与森林旅游发展座谈会在四川成都召开。

38. 2013 年 11 月 25 日，由中国森林旅游网、中国林学会森林公园分会、网易联合主办，网民参与投票评选的 2013 年江苏大阳山杯中国最美森林旅游景区系列评选活动“最具网络人气”森林旅游景区名单出炉。出炉名单包括：2013“最具网络人气”最美森林旅游景区、最佳秋色观赏地、最佳山地花卉观赏地、最佳野生鸟类观赏地、最佳温泉度假地 5 个榜单。

五、2013年第五批获得中国国家森林公园专用标志使用授权的国家级森林公园49处

1. 山西太行大峡谷国家森林公园
2. 山西龙泉国家森林公园
3. 黑龙江长寿山国家森林公园
4. 黑龙江牡丹峰国家森林公园
5. 黑龙江三道关国家森林公园
6. 安徽万佛山国家森林公园
7. 合肥大蜀山国家森林公园
8. 安徽大龙山国家森林公园
9. 安徽皇藏峪国家森林公园
10. 安徽横山国家森林公园
11. 安徽妙道山国家森林公园
12. 安徽神山国家森林公园
13. 安徽石莲洞国家森林公园
14. 安徽敬亭山国家森林公园
15. 福建三元国家森林公园
16. 福建将乐天阶山国家森林公园
17. 福建闽江源国家森林公园
18. 福建九龙谷国家森林公园
19. 福建龙湖山国家森林公园
20. 福建武夷天池国家森林公园
21. 河南郁山国家森林公园
22. 河南神灵寨国家森林公园
23. 河南薄山国家森林公园
24. 湖南攸州国家森林公园
25. 湖南金洞国家森林公园
26. 湖南福音山国家森林公园
27. 湖南蓝山国家森林公园
28. 广西桂林国家森林公园
29. 广西元宝山国家森林公园
30. 广西飞龙湖国家森林公园
31. 重庆茂云山国家森林公园
32. 重庆歌乐山国家森林公园
33. 重庆酉阳桃花源国家森林公园
34. 重庆巴尔盖国家森林公园
35. 重庆观音峡国家森林公园
36. 重庆大园洞国家森林公园
37. 四川北川国家森林公园
38. 云南天星国家森林公园
39. 云南紫金山国家森林公园
40. 云南钟灵山国家森林公园

41. 云南金殿国家森林公园
42. 西藏玛旁雍错国家森林公园
43. 西藏班公湖国家森林公园
44. 西藏热振国家森林公园
45. 西藏尼木国家森林公园
46. 西藏然乌湖国家森林公园
47. 西藏姐德秀国家森林公园
48. 西藏比日神山国家森林公园
49. 吉林湾沟国家森林公园

六、2013年全国最具网络人气的100家森林旅游景区

1. 内蒙古额尔古纳湿地自然保护区
2. 重庆黑山国家森林公园
3. 内蒙森工莫尔道嘎国家森林公园
4. 四川唐家河国家级自然保护区
5. 吉林五女峰国家森林公园
6. 贵州雷公山国家森林公园
7. 湖南神农谷国家森林公园
8. 河北塞罕坝国家森林公园
9. 广西大明山国家级自然保护区
10. 内蒙森工阿尔山国家森林公园
11. 黑龙江日月峡国家森林公园
12. 内蒙古红花尔基樟子松国家森林公园
13. 山东招虎山国家森林公园
14. 上海海湾国家森林公园
15. 内蒙古滦河源国家森林公园
16. 内蒙古好森沟国家森林公园
17. 内蒙古桦木沟国家森林公园
18. 安徽省皇藏峪国家森林公园
19. 吉林森工露水河国家森林公园
20. 湖北大老岭国家森林公园
21. 浙江溪口国家森林公园
22. 江苏虞山国家森林公园
23. 上海佘山国家森林公园
24. 云南普者黑国家湿地公园
25. 湖北大别山国家森林公园
26. 湖北柴埠溪国家森林公园
27. 宁夏六盘山国家森林公园
28. 湖北太子山国家森林公园
29. 湖北神农架国家森林公园
30. 北京八达岭国家森林公园
31. 浙江千岛湖国家森林公园
32. 浙江雁荡山国家森林公园
33. 广东帽子峰省级森林公园
34. 安徽黄山国家森林公园
35. 山东泰山国家森林公园
36. 重庆仙女山国家森林公园
37. 云南西双版纳国家级自然保护区
38. 江西陡水湖国家森林公园
39. 西藏珠穆朗玛国家自然保护区
40. 河北雾灵山国家自然保护区
41. 湖南阳明山国家森林公园
42. 云南高黎贡山国家级自然保护区
43. 贵州宽阔水国家级自然保护区
44. 贵州百里杜鹃国家森林公园
45. 江苏铁山寺国家森林公园
46. 四川九寨沟国家级自然保护区
47. 江西阳岭国家森林公园
48. 西藏玛旁雍错国家森公园
49. 西藏然乌湖国家森林公园
50. 云南磨盘山国家森林公园

51. 龙江森工雪乡国家森林公园
52. 山东日照海滨国家森林公园
53. 湖南张家界国家森林公园
54. 黑龙江大亮子河国家森林公园
55. 重庆茶山竹海国家森林公园
56. 重庆小三峡国家森林公园
57. 河北坝上闪电河国家湿地公园
58. 江西明月山国家森林公园
59. 龙江森工凤凰山国家森林公园
60. 黑龙江富锦国家湿地公园
61. 山东鲁山国家森林公园
62. 西藏比日神山国家森林公园
63. 江苏姜堰溱湖国家湿地公园
64. 新疆喀纳斯国家级自然保护区
65. 江西婺源鸳鸯湖省级自然保护区
66. 湖北三角山国家森林公园
67. 黑龙江茅兰沟国家森林公园
68. 安徽天堂寨国家森林公园
69. 江西龟峰国家森林公园
70. 安徽天柱山国家森林公园
71. 江西宜丰省级森林公园
72. 贵州梵净山国家级自然保护区
73. 广西姑婆山国家森林公园
74. 河南龙峪湾国家森林公园
75. 新疆巴尔鲁克山森林公园
76. 吉林龙湾群国家森林公园
77. 新疆天池国家森林公园
78. 河北五岳寨国家森林公园
79. 山西太行峡谷国家森林公园
80. 吉林净月潭国家森林公园
81. 新疆巴楚胡杨林国家级森林公园
82. 河南洛阳国家牡丹园
83. 福建古田溪省级森林公园
84. 江西三叠泉国家森林公园
85. 四川贡嘎山国家级自然保护区
86. 贵州燕子岩国家森林公园
87. 新疆那拉提国家森林公园
88. 青海湖国家级自然保护区
89. 新疆金湖杨国家森林公园
90. 辽宁本溪国家森林公园
91. 辽宁和睦国家森林公园
92. 四川措普国家森林公园
93. 湖南天门山国家森林公园
94. 山西蟒河国家级自然保护区
95. 广西大瑶山国家森林公园
96. 广东鼎湖山国家级自然保护区
97. 四川瓦屋山国家森林公园
98. 黑龙江北极村国家森林公园
99. 湖南莽山国家森林公园
100. 广西大容山国家森林公园

七、2013年“中国最具网络人气最佳秋色观赏地”10处

1. 内蒙古大青沟国家级自然保护区
2. 湖北安陆古银杏国家森林公园
3. 四川喇叭河省级自然保护区
4. 甘肃金塔潮湖省级森林沙漠公园
5. 浙江玉苍山国家森林公园
6. 浙江乌岩岭国家级自然保护区
7. 山西五老峰国家森林公园
8. 云南白马雪山国家级自然保护区
9. 广西德保红枫湖自治区级森林公园
10. 浙江大盘山国家级自然保护区

八、2013年“中国最具网络人气最佳山地花卉观赏地”10处

1. 四川龙苍沟国家森林公园
2. 内蒙森工达尔滨湖国家森林公园
3. 湖南阳明山国家森林公园
4. 浙江灵江源森林公园
5. 四川北川国家森林公园
6. 重庆武隆仙女山国家森林公园
7. 安徽丫山省级森林公园
8. 内蒙古白狼洮儿河国家湿地公园
9. 贵州百里杜鹃国家森林公园
10. 湖南大围山国家森林公园

九、2013年“中国最具网络人气最佳野生鸟类观赏地”10处

1. 四川邛海国家湿地公园
2. 云南大山包黑颈鹤国家级自然保护区
3. 四川老君山国家级自然保护区
4. 四川唐家河国家级自然保护区
5. 贵州宽阔水国家级自然保护区
6. 四川鸭子河省级湿地自然保护区
7. 四川泸沽湖省级自然保护区
8. 内蒙古图牧吉国家级自然保护区
9. 云南太阳河国家森林公园
10. 浙江杭州湾国家湿地公园

十、2013年“中国最具网络人气最佳温泉度假地”10处

1. 湖南九龙江国家森林公园
2. 广西龙胜温泉国家森林公园
3. 江西明月山国家森林公园
4. 云南高黎贡山国家级自然保护区
5. 四川黑竹沟国家森林公园
6. 辽宁本溪国家森林公园
7. 四川海螺沟国家森林公园
8. 四川米亚罗省级自然保护区
9. 山东罗山国家森林公园
10. 新疆阿尔泰山温泉国家森林公园

后　记

《2013中国森林等自然资源旅游发展报告》是集体劳动的成果。在国家林业局有关领导的直接领导下，国家林业局森林公园保护与发展中心（国家林业局森林旅游工作领导小组办公室）和国家林业局调查规划设计院负责组织和编写，相关司局、直属单位、北京林业大学参加了这项工作。

我们诚恳希望广大读者关心和支持我国森林等自然旅游发展并能提供宝贵的意见。

我们的联系方式是：
地址：北京市东城区和平里东街18号
国家林业局森林公园保护与发展中心
国家林业局调查规划设计院
电话：010-84239459　010-84238077
E-mail：ftour@forestry.gov.cn

编　者
2014年8月